GÜNTER HUTH

Der Schoppenfetzer und das Rotweingrab

Die Fälle des Erich Rottmann

Erster Fall
Der Schoppenfetzer und
die Silvanerleiche

Zweiter Fall
Der Schoppenfetzer und
der Tod des Nachtwächters

Dritter Fall
Der Schoppenfetzer und
das Rotweingrab

GÜNTER HUTH wurde 1949 in Würzburg geboren und lebt seitdem in seiner Geburtsstadt. Er kann sich nicht vorstellen, in einer anderen Stadt zu leben. Von Beruf ist er Rechtspfleger (Fachjurist). Günter Huth ist verheiratet und hat drei Kinder.
Seit 1975 schreibt er in erster Linie Kinder- und Jugendbücher sowie Sachbücher aus dem Hunde- und Jagdbereich (rund 40 Bücher). Außerdem veröffentlichte er zahlreiche Kurzerzählungen. In den letzten Jahren hat sich Günter Huth vermehrt dem Genre »Krimi« zugewandt und in diesem Zusammenhang bereits einige Kriminalerzählungen veröffentlicht. 2003 kam ihm die Idee für einen Würzburger Regionalkrimi.
Der Autor ist Mitglied der Kriminalschriftstellervereinigung *Das Syndikat.*

Die Handlung und die handelnden Personen dieses Romans sind frei erfunden. Jede Ähnlichkeit mit toten oder lebenden Personen oder Persönlichkeiten des öffentlichen Lebens ist nicht beabsichtigt und wäre rein zufällig.

GÜNTER HUTH

Der Schoppenfetzer und das Rotweingrab

Die skurrilen
Kriminalfälle
des Würzburger
Weingenießers
Erich Rottmann

Buchverlag Peter Hellmund

Die Wut des Mannes war grenzenlos. Er hatte einen Haß in sich aufgestaut, der einem Vulkan kurz vor seinem Ausbruch glich. Nur mit Mühe konnte er sich auf den Straßenverkehr konzentrieren, der wegen des bevorstehenden Wochenendes selbst um einundzwanzig Uhr noch immer sehr belebt war.

Als er sein Ziel auf dem Berg erreicht hatte, stellte er sein Auto in der Nähe der Gaststätte am Waldrand ab. Er wollte vermeiden, von anderen Besuchern der Wirtschaft eingekeilt zu werden.

Die Witterung war trotz der fortgeschrittenen Jahreszeit noch angenehm. Einige Gäste saßen im Außenbereich der Gaststätte und genossen den Blick auf die Stadt.

Auch der Mann suchte sich einen Platz auf der Terrasse. Er wollte den Eingang der Gastwirtschaft ständig im Auge behalten. Er hatte Glück und fand einen unbesetzten Tisch. Nach Gesellschaft war ihm absolut nicht.

Die Bedienung brachte ihm einen Kaffee. Alkohol kam für ihn im Moment nicht in Frage. Er wollte wach sein, bereit für den Augenblick, in dem er dem Grund seines Zorns gegenübertreten würde.

Die Stunden vergingen langsam. Mittlerweile hatte sich die Zahl der Gäste auf der Terrasse verdoppelt. Immer, wenn sich jemand zu ihm an den Tisch setzen wollte, wehrte er ihn ab.

Die Anspannung des Mannes ließ trotz der langen Wartezeit nicht nach. Er zuckte jedesmal zusammen, wenn sich die Tür des Gasthauses zur Terrasse hin öffnete und ein Gast heraustrat.

Der Mann mußte bis kurz vor Mitternacht warten, dann verließ die Person, der seine Wut galt, den Gastraum.

Die herbstliche Vollmondnacht über dem *Nikolausberg*, der höchsten Erhebung der unterfränkischen Metropole, war lau, die Luft sanft wie Seide. Die Terrasse am *Schützenhof*, einem beliebten Ausflugslokal oberhalb Würzburgs, erfreute sich noch immer einer stattlichen Besucherzahl: alles Einheimische und Gäste des Frankenlandes, die die letzten milden Tage des Jahres mit einem guten Schoppen und einem romantischen Blick auf die beleuchtete Stadt genießen wollten.

Der elitäre Kreis, bestehend aus führenden Kommunalpolitikern, Vertretern der Weinwirtschaft und einer Firma für *Public Relations*, der sich an diesem Freitag, dem dreizehnten, im Hinterzimmer des Gasthofs zurückgezogen hatte, diskutierte ein brisantes Thema. Es ging um die desolaten Finanzen der Stadt und deren Sanierung.

Der katastrophale Zustand des Stadtsäckels war vom Kämmerer gerade höchst treffend mit einem schwarzen Loch im Weltraum verglichen worden. Die Runde war zusammengekommen, um die finanziellen Angelegenheiten der Stadt wenigstens soweit zu regeln, daß zumindest die Gehälter der Führungskräfte im Rathaus im kommenden Haushalt gesichert sein würden. Alle spürten die drückende Verantwortung auf ihren Schultern. Sie waren sich einig darin, daß die Stadt gerade in diesen trostlosen Zeiten einer qualifizierten Führung bedurfte – und die kostete nun einmal Geld.

»...Wir müssen uns jedenfalls etwas einfallen lassen, an das sich die Bürger erinnern, wenn sie in zwei Jahren an die Wahlurne gehen. Ein richtig schöner, knalliger Event. Jetzt muß das passieren, nicht erst kurz vor der Wahl, sonst sieht das zu gesteuert aus.« André Reih-Bach, PR-Manager der *Action-Event*, strich sich über seinen kahlrasierten Schädel. Während die anderen den neuen Federweißen genossen, nippte er an einem Glas Wasser.

»Die Geschichte mit der CD ist doch prima«, warf Andy Farmer, der zweite Bürgermeister von Würzburg, ein. »›Ein Lied für meine Stadt‹, Untertitel: ›Eine Oberbürgermeisterin singt‹. Das hat doch was. Das vermittelt Verbundenheit zum Bürger und den Anschein eines selbstlosen Charakters. Eine Oberbürgermeisterin, die bereit ist, auch unkonventionelle Wege zu beschreiten, um Würzburg aus der finanziellen Sackgasse herauszuführen. Genau das, was wir brauchen. Ich wollte, ich könnte so schön trällern.« Er lachte meckernd, bekam dann aber einen Hustenanfall.

»Ich weiß wirklich nicht, ob solche Lieder wie ›Gebt den Brunnen Wasser‹ oder ›Der Grafeneckart-Blues‹ wirklich die Renner werden.« Oberbürgermeisterin Dr. Ria-Magdalena Beckstein-Mannfeld, von ihren Parteifreunden der *Liste Unabhängiges Unterfranken* nur Rialena genannt, musterte die Anwesenden skeptisch. Ihre strahlend blauen Augen bildeten einen interessanten Kontrast zu ihren schwarzen Haaren.

Obwohl sie saß, überragte sie mit ihrer Körpergröße die meisten Gäste am Tisch. Mit ihren fünfunddreißig Lebensjahren war sie die erste weibliche und die jüngste Oberbürgermeisterin der Stadt am Main.

»Rialena, Du mußt die einzelne Aktion als Teil eines ganzen sehen. Wir haben hier doch ein sehr ordentliches Paket geschnürt: Diese CD, dann in ein paar Wochen Dein Duett mit *Luciano Pavarotti* auf dem Residenzplatz während seiner Abschiedstournee und, nicht zu vergessen, die Sache mit dem Bürgermeisterschoppen auf dem Marktplatz. Das sind doch echte Hits. Die werden ordentlich Geld in die Stadtkasse schwemmen. Davon bin ich überzeugt.«

Bundestagsabgeordneter Arno von Flötsch, der immer dann, wenn in der Partei Not am Mann war, als Berater herangezogen wird, zeigte sich wie immer optimistisch.

»Der Meinung bin ich auch«, schloß sich Benedikt ›Beni‹ Westemeer, der unterfränkische Weinbaupräsident, den Ausführungen seines Parteifreundes an. »Die beteiligten Weingüter werden den Bürgermeisterschoppen als einzigartige Werbeaktion vermarkten. Wenn ich richtig informiert bin, ist sogar die internationale Presse benachrichtigt.« Er grinste breit in der ihm eigenen Art und hob sein Glas. »Herrschaften, darauf sollten wir trinken!«

Die Teilnehmer der Strategiebesprechung stießen miteinander an. Der Bremser hatte gerade jene verführerische Süße, die ihn unwiderstehlich süffig machte.

Ein Mitglied der Versammlung stellte etwas abrupt sein leeres Glas ab und erhob sich. Dabei stieß es seinen Stuhl ungeschickt zurück, wodurch dieser polternd zu Boden fiel. Entschuldigend winkte der Mann in die Runde, bückte sich schwerfällig und hob das Sitzmöbel wieder auf. Dann verließ er den Raum. Die Wenigen, die seinen Weggang bemerkten, dachten, er wollte sich körperliche Erleichterung verschaffen.

Einer der Anwesenden verfolgte seinen Abgang allerdings mit besonderer Aufmerksamkeit. Mit steinerner Miene sah er nervös auf seine Uhr. Einige Minuten später stand er ebenfalls auf und verabschiedete sich. »Nachdem nun alles besprochen ist, muß ich leider gehen. Ich habe noch einen Termin.«

Die Teilnehmer der Besprechung nickten verabschiedend. Die Oberbürgermeisterin stand auf und gab dem Aufbrechenden die Hand. Dieser eilte dann in Richtung Ausgang.

Der Mann, der zuerst gegangen war, suchte nicht die Toilette auf. Vielmehr öffnete er die Tür, die zur Terrasse führte. Der genossene Federweiße hatte ihn gezeichnet. Leicht schwankend blieb er einen Augenblick auf dem Treppenabsatz stehen. Der Mann war großgewachsen und sehr schlank. Dadurch kam seine unsichere Haltung besonders zur Geltung.

Mit der für alkoholisierte Menschen typischen, übertriebenen Intensität musterte er die Gäste, die ihm aber keine größere Aufmerksamkeit schenkten.

Als ihn eine geschäftige Bedienung unsanft aus dem Weg schob, brabbelte er einige unverständliche Worte vor sich hin, dann tappte er breitbeinig die Stufen hinunter, überquerte die Terrasse und steuerte den Parkplatz an.

Er war kein Mann, der übermäßigen Alkoholgenuß gewöhnt war. Heute aber war er ausnahmsweise der verführerischen Süße des neuen Bremsers erlegen. Obwohl er dazu einige Stücke frischen Zwiebelkuchens verzehrt hatte, stieg ihm der Alkohol an der frischen Luft wie eine Woge zu Kopf. Seine Gedanken landeten auf schwebenden Wolken und verloren ihre scharfen Konturen.

Der Mann gab einige unverständliche Worte von sich, dann tappte er über den Schotterweg in Richtung des freien Feldes, das unmittelbar an das Gelände des *Schützenhofs* angrenzte.

Die dunkel gekleidete Gestalt, die ihm in einiger Entfernung vom *Schützenhof* aus gefolgt war, bemerkte er nicht.

Als er sich ein ganzes Stück vom Parkplatz entfernt allein wähnte, zog er ein Mobiltelefon aus der Tasche. Seine Finger tippten unsicher auf der winzigen, erleuchteten Tastatur herum. Die Nummer, die er wählen wollte, war mit Kurzwahl einprogrammiert. Diese einzutippen schaffte er auch in seinem etwas angeschlagenen Zustand.

Das Telefon der angewählten Person klingelte, aber auch nach dem dritten Läuten nahm noch niemand ab.

Mit den trägen, fast pantomimischen Bewegungen eines Betrunkenen starrte er das Display verärgert an, dann unterbrach er mit einem fahrigen Tastendruck die Verbindung.

Es dauerte einen Augenblick, bis er die Hand auf seiner Schulter registrierte. Etwas wackelig drehte er sich um. In der

Dunkelheit konnte er lediglich die Gestalt eines Mannes wahrnehmen, der ihn jetzt ansprach. Die Stimme war ihm bekannt. Die Worte des Mannes kamen abgehakt. Deutlich war seine nur mühsam gebändigte Wut herauszuhören. Der Mann redete eine ganze Weile fordernd auf den Betrunkenen ein, der ihm mit gesenktem Kopf zuhörte. Hin und wieder schüttelte er schwerfällig den Kopf. Seiner Körpersprache war eine gewisse sture Haltung zu entnehmen, woraufhin sein Gegenüber erneut auf ihn einredete.

Irgendwann hob der Betrunkene die Hand zu einer eindeutigen, obszönen Geste, drehte sich um und zeigte seinem wütenden Gegenüber den Rücken. Dabei lachte er höhnisch.

Der andere drehte sich daraufhin ebenfalls um und hastete, außer sich vor Zorn, zum Schützenhof zurück.

Der Schlag auf den Hinterkopf des Betrunkenen kam hart und für ihn völlig unerwartet. Wie von einem Hammer getroffen, brach der Mann zusammen und rührte sich nicht mehr. Er spürte nicht die rote Flüssigkeit, die ihm über Kopf und Nacken lief, seine Kleidung tränkte und sich mit dem Blut aus seiner klaffenden Kopfwunde vermischte.

Keuchend vom schnellen Laufen und vor Erregung stand der Angreifer über sein Opfer gebeugt. In der Hand hielt er die Überreste eines Bocksbeutels, der gerade eben noch mit tiefrotem Spätburgunder gefüllt gewesen war. Er hatte sich aus einer Weinkiste bedient, die neben dem Seiteneingang des Lokals aufgestapelt war. In der Nacht wirkten das Dunkelrot des Weins und des Blutes fast schwarz und waren nicht voneinander zu unterscheiden.

Langsam lichteten sich die roten Schleier der Wut, die sein klares Denken vernebelt hatten. Dem Anfall folgte die Ernüchterung, und mit ihr kamen auch die Gedanken zurück.

In Zeitlupe senkte er den Kopf und starrte auf den gezackten Flaschenhals: die Überreste der zur Schlagwaffe mutierten Weinflasche. Langsam öffnete er die Hand und ließ die Flasche fallen.

Der Mann am Boden lag noch immer regungslos da. Der Angreifer beugte sich zu ihm herab und tastete nach der Halsschlagader. Der Puls war noch zu spüren.

Vom Parkplatz her hörte er lachende Stimmen – Gäste, die den *Schützenhof* verließen. Panik erfaßte ihn. Mit einem Ruck drehte er sich um und flüchtete in die Nacht.

Es war kein Erwachen im eigentlichen Sinne. Vielmehr glitt der Verletzte aus dem schmerzfreien Zustand tiefer Ohnmacht auf die Ebene eines von Qual erfüllten Dämmerzustands. In dieser Phase ließ sein Gehirn keine logischen Denkvorgänge zu, war aber zu instinktiven motorischen Handlungen fähig. Unter lautem Stöhnen rollte sich der Mann auf die Seite und zog seinen Körper in eine fötale Haltung. Aus dieser Stellung kämpfte er sich langsam auf alle Viere. Der Fluchtimpuls, der von seinem Unterbewußtsein gesteuert wurde, zwang ihn, vorwärts zu kriechen. Sein Bewußtsein registrierte nicht, daß er sich dabei immer tiefer in eine Streuobstwiese hineinbewegte.

Der heftige Schlag gegen seine Seite kam so schnell und war so tödlich, daß sein Bewußtsein keine Chance mehr hatte, den Knall des Schusses zu registrieren.

Der Mann, der wenig später das Gewehr in eine Stoffhülle schob und in den Kofferraum seines Fahrzeugs legte, war von einer berauschenden Mischung erfüllt, bestehend aus einem befriedigenden Hochgefühl und tiefer Erregung. Seiner Treffsicherheit war er sich absolut sicher, deshalb zweifelte er auch nicht daran, daß der Schuß tödlich war. Er war dem Schicksal dankbar, das ihm endlich die Gelegenheit gegeben hatte, diesem Scheißkerl das zukommen zu lassen, was er verdiente. Langsam zog er die Gummihandschuhe, die er sich vor dem Schuß übergezogen hatte, aus und warf sie auf den Beifahrersitz seines Autos. Schließlich schloß er das Fahrzeug ab und fuhr in Richtung *Frankenwarte*. Er wollte sich die Zeit nehmen, seine Erregung abklingen zu lassen. Außerdem mußte er sich seinen Plan, wie er den Toten beseitigen wollte, noch einmal durch den Kopf gehen lassen.

Mitternacht war lange vorüber, und der *Schützenhof* lag verlassen da – da näherte sich der Mann der Stelle, wo er das Opfer zurückgelassen hatte.

Dessen Kleidung war überall mit Rotwein und Blut besudelt. Der Mann legte seine Finger an die Halschlagader des Liegenden. Er mußte Gewißheit haben.

Die Haut fühlte sich warm an. Der Puls jedoch war nicht mehr tastbar. Er hob den Arm des Mannes. Dabei entdeckte er die große, trichterförmige Wunde an der Brust. Das Hemd war an dieser Stelle total zerfetzt. Er gab einen heiseren Schreckenslaut von sich. Schlagartig wurde ihm schlecht. Würgend stieg ihm der Kaffee in die Speiseröhre und brannte wie Feuer.

Nachdem er sich wieder im Griff hatte, entfernte er sich von der Fundstelle und setzte sich in sein abseits geparktes Auto. Er verschränkte die Arme über dem Lenkrad und legte seinen Kopf darauf. Seine Nerven waren zum Zerreißen gespannt. Immerhin hatte er es nicht jeden Tag mit einem Toten zu tun.

Schließlich rief er sich zur Ordnung. Der Typ hatte es seiner Meinung nach nicht anders verdient. Er hob den Kopf und betätigte die Zündung seines Wagens, dann legte er den Gang ein und fuhr ohne Licht zum Ort, wo der Tote lag. Das nagelnde Motorgeräusch des betagten Diesels durchdrang die Nacht.

Er parkte und öffnete den Kofferraum. Da er aus beruflichen Gründen des öfteren schmutzige Gegenstände transportieren mußte, führte er stets eine starke Plastikplane im Fahrzeug mit. Diese breitete er jetzt neben dem Toten aus. Es bedurfte einer gewissen Überwindung, den Körper auf die Unterlage zu rollen. Dabei mußte er darauf achten, sich nicht mit Blut zu besudeln. Nachdem er die Leiche gründlich verpackt hatte, holte er eine Rolle starkes Paketband aus dem Auto und wickelte sie wie eine Mumie ein.

Sein Atem ging gepreßt, als er das Paket über die Wiese in Richtung Auto zog. Obwohl die Totenstarre noch nicht eingetreten war, hatte er Probleme, den leblosen Körper in den Laderaum zu wuchten. Nachdem er es schließlich geschafft hatte, warf er eine Decke über den Toten, damit das Paket von außen nicht gesehen werden konnte.

Der Mann setzte sich hinter das Steuer. Er mußte hier schleunigst weg. Wenn ihn um diese Nachtzeit eine Polizeistreife hier antraf, würde das unweigerlich eine sofortige Personen- und Fahrzeugkontrolle zur Folge haben. Eine Vorstellung, die ihm den Angstschweiß auf die Stirn trieb.

Nach mehrmaligem tiefen Durchatmen hatte er sich soweit unter Kontrolle, daß er fahren konnte.

Er wählte den Weg über die Hubertusschlucht und fuhr anschließend durch das Steinbachtal, über die Mergentheimer Straße in die Stadt. Etwa zwanzig Minuten später hatte er die Husarenstraße erreicht.

Nachdem er sich vergewissert hatte, daß er nicht beobachtet wurde, öffnete er mit einem Schlüssel das automatische Tor, das zu einem abgeschlossenen Grundstück mitten in der Stadt führte. Eine Minute später schloß sich das Tor wieder geräuschlos hinter ihm.

Es war Vormittag, etwa eine Woche später. Erich Rottmann saß im hell erleuchteten Lesesaal der Stadtbücherei und studierte die Würzburger Zeitung. Eigentlich war der pensionierte Kriminalhauptkommissar ja Abonnent des Blattes. Seit einiger Zeit hatte er jedoch Ärger mit einem offensichtlich wißbegierigen, aber offenbar sehr geizigen Zeitgenossen in seiner Nachbarschaft. Dieser Mensch hatte die unerfreuliche Eigenschaft, ihm immer wieder einmal die neuesten mainfränkischen Nachrichten aus dem Briefkasten zu entwenden. Ein Umstand, der den ehemaligen Leiter der Würzburger Mordkommission schon bis zur Weißglut getrieben hatte. Ganz besonders kratzte es an seinem Ego, daß er trotz verschärfter Observationstätigkeit die Identität des verflixten Übeltäters bisher nicht hatte ermitteln können.

Öchsle, Rottmanns vierbeiniger Schatten, lag unauffällig unter dem Stuhl seines Herrchens und gönnte sich ein Schläfchen. Selbstverständlich waren Hunde in der Stadtbücherei eigentlich verboten. Das hatte die Leiterin der städtischen Bildungseinrichtung Rottmann auch schon einmal unmißverständlich klargemacht. Doch Rottmann war nun einmal Rottmann. Er hatte die verschärft vorgetragene Belehrung mit treuherziger Miene zur Kenntnis genommen, war wortlos gegangen und ... hatte am nächsten Tag auf den Namen *Öchsle Rottmann* einen Leseausweis beantragt und – man wird es kaum glauben – auch bekommen. Wobei man der zuständigen Sachbearbeiterin sicher keine Vorwürfe machen konnte, denn in Zeiten, in denen unterfränkische Kinder Popocatepetl oder Ivanovka genannt werden, mußte ihr Öchsle als ein geradezu erzkonservativer unterfränkischer Vorname erschienen sein. So kam es, daß eine struppige Promenadenmischung aus dem Würzburger Tierheim der wohl einzige Vierbeiner war, der eine Leseberechtigung für die Stadtbücherei besaß.

Aus Rottmanns Sicht durchaus ein weiterer Pluspunkt für die so hochdekorierte Würzburger Kultureinrichtung. Wodurch allerdings die seiner Meinung nach höchst kundenunfreundliche Tatsache, daß man hier weder einen Schoppen noch einen Leberkäs bekommen konnte, nur sehr unvollkommen wettgemacht wurde.

Obwohl Rottmann auch im Besitz eines Mobiltelefons war, haßte er es, wenn in allen möglichen öffentlichen Einrichtungen aus allen Ecken Handys mit schrillen Tönen von der Wichtigkeit ihrer Besitzer kündeten. Als in diesem Augenblick das aufdringliche Schrillen eines Mobiltelefons die fast sakrale Stille des Lesesaals entweihte, warfen alle Besucher verärgerte Blicke in die Runde. Auch Rottmann.

Es dauerte einen Augenblick, bis er registrierte, daß es sein eigenes Telefon war, das hier störte. Anscheinend hatte er vergessen, das verflixte Ding auszumachen. Hastig wühlte er es aus der Tiefe seiner Lodenjoppe und drückte auf den Annahmeknopf. Gleichzeitig stand er auf, ließ die Zeitung auf dem Tisch liegen und verdrückte sich mit einem schuldbewußten Rundblick in die Runde der Leser nach draußen in den Vorraum. Öchsle trippelte, etwas verstört durch die ungewohnte Hast seines Herrchens, hinterher.

»Hallo, Erich, warum brauchst Du denn so lange, bis Du abnimmst?«

Diese Stimme war Erich Rottmann nur allzu bekannt. Es handelte sich um das unüberhörbare Organ von Elvira Stark, Dauerbelagerin Rottmanns bisher unerobertter Junggesellenburg. Elvira quäkte ihren Schuldvorwurf so laut aus dem Hörer, daß Rottmann das Mobiltelefon ein Stück vom Ohr weghalten mußte, um keinen Gehörschaden zu bekommen.

Elvira Stark war Erich Rottmanns Jugendliebe aus Rimpar, ein Relikt aus seiner lange zurückliegenden heißblütigen

Sturm- und Drangphase, die er einst in seinem Heimatdorf Gramschatz durchlebte.

Vor einiger Zeit, als er sich trotz seines Status als Pensionär mit einem Kriminalfall beschäftigt hatte, der ihn mehrfach ins Rathaus führte, waren sich die beiden durch Zufall wieder über den Weg gelaufen. Elvira hatte im Rathaus in der Führungsetage einen Vertrauensposten als Reinemachefrau. Seitdem bemühte sich die ausgesprochen jugendlich und dynamisch gebliebene Dame sehr zielstrebig um ein Wiederaufleben dieses zwischenmenschlichen Verhältnisses. Ein Verhalten, das dem überzeugten Junggesellen Rottmann einerseits zwar heftig schmeichelte, ihm aber auf der anderen Seite auch manchmal ziemlich lästig fiel – so wie beispielsweise jetzt.

»Hallo, Elvira, was ist denn los? Ich bin gerade in der Stadtbücherei«, polterte er.

Elvira Stark ignorierte seinen grantigen Tonfall völlig. Wenn es ihr in den Kram paßte, hatte sie ein Fell so dick wie das einer afrikanischen Rhinozerosdame.

»Macht nichts«, ging sie über seinen Einwand hinweg. »Stell Dir vor, als ich heute den Papierkorb unserer Oberbürgermeisterin ausleerte, hat sie mich zur Seite genommen und das Gespräch auf dich gebracht.«

Sie machte eine Pause. Offenbar erwartete sie eine Reaktion ihres Gesprächspartners, die jedoch ausblieb.

»Na ja, jedenfalls hat sie mich gefragt, ob unsere persönlichen …« Sie zögerte unmerklich, dann fuhr sie fort: »… Kontakte noch bestünden. Als ich das bejahte, hat sie mir mitgeteilt, daß sie dich gerne in einer wichtigen Sache gesprochen hätte. Sie wäre Dir dankbar, wenn Du heute zwischen 19 und 20 Uhr bei ihr im Rathaus vorbeikommen könntest. Falls Du es ermöglichen kannst. Sie hat mich gebeten, dich reinzulassen. Wie Du weißt, arbeite ich um diese Zeit ja noch.«

Da Rottmann weiterhin stumm blieb, ergänzte sie: »Erich«, sie klang ziemlich besorgt, »sag mir einfach eine Uhrzeit, dann schließe ich Dir den Seiteneingang in der Karmelitenstraße auf.«

»Mein Gott«, brummte der Exkommissar, »was ist denn jetzt schon wieder los? Langsam habe ich das Gefühl, mich zum Rathausdetektiv zu entwickeln. Kriegen die denn ihren Kram ohne mich überhaupt nicht mehr auf die Reihe?«

Elvira Stark blieb die selbstironische Komponente dieser Äußerung im Augenblick verborgen, weil sie viel zu sehr bestrebt war, ihren anscheinend widerborstigen Gesprächspartner zu überreden. Als sie gerade zu einer neuerlichen Wortflut ansetzen wollte, unterbrach sie Rottmann: »... also gut, um 19 Uhr 30 bin ich an der Tür. Hoffentlich dauert das nicht so lange. Ich habe heute Stammtisch, und ich lasse meine Stammtischbrüder nicht gerne warten.«

Mit seiner letzten Bemerkung meinte er den bekannten Stammtisch ehemaliger Juristen und Kriminologen, die *Schoppenfetzer*, dessen Gründungsmitglied er war und der regelmäßig im Traditionslokal *Maulaffenbäck* tagte. So auch heute.

»Keine Angst, Du kommst schon rechtzeitig zu Deinem Schoppen!«, erwiderte Elvira. Den schnippischen Unterton in der Stimme konnte sie nicht ganz unterdrücken, aber dank der schlechten Verbindung kam er nicht richtig bei ihm an. Anschließend unterbrach sie vorsichtshalber die Leitung, ehe es sich der starrköpfige Dickschädel noch einmal anders überlegte. Zu ihrem Kummer waren Rottmanns emotionalen Bande zu Frankenwein, Leberkäs und Stammtisch wesentlich ausgeprägter als die zu ihr. Ein Umstand, den sie bisher leider vergeblich zu ändern versuchte. Was sie allerdings keineswegs resignieren ließ.

Rottmann steckte das Mobiltelefon in die Tasche seiner Lodenjoppe zurück. Er überlegte kurz, ob er noch einmal in den Lesesaal zurückgehen sollte, dann ließ er es aber sein. Leichte Kontraktionen im Magenbereich signalisierten ihm, daß es an der Zeit war, seinem »Getriebe« wieder einige flüssige und feste »Brennstoffe« zuzuführen.

Erich Rottmann verließ das *Falkenhaus*. Draußen blieb er unschlüssig stehen. Er schwankte noch zwischen einer Geknickten am Oberen Markt und einer ordentlichen Portion Leberkäs mit Schoppen zum Runterspülen im Stammlokal. Nach kurzer innerer Einkehr hatte der Leberkäs die Ziellinie schneller überschritten. Entschlossen vollführte Rottmann eine schwungvolle Kehrtwendung, der sich Öchsle harmonisch anpaßte. Kurz darauf marschierten beide in Richtung *Maulaffenbäck*.

Auch wenn er es sich nicht gerne eingestand, beschäftigte ihn dabei der Anruf von Elvira Stark. Da es der Oberbürgermeisterin sicher nicht um unterhaltsame Konversation mit ihm ging, mußte es schon einen triftigen Grund geben, weswegen sie ihn zu später Stunde ins Rathaus bat. Das letzte Mal, als er mit der Rathaus-Chefin der unterfränkischen Regierungshauptstadt zu tun hatte, war eine Leiche der Grund gewesen. Hoffentlich handelte es sich diesmal um eine angenehmere Angelegenheit. Tote Menschen hatte Rottmann in seinem langen Berufsleben als Mordermittler mehr als genug gesehen.

Zielsicher legte er einen Zwischenstop in der Metzgerei nahe dem *Maulaffenbäck* ein. Öchsle wartete wie gewohnt draußen, wußte er doch, daß Herrchen aus diesem wohlduftenden Laden immer auch einen Happen für ihn mitbrachte. Nachdem die Verkäuferin den Stammkunden Rottmann mit einer ordentlichen Portion Leberkäse, die auch einen ausgesprochenen Leberkäsenthusiasten zufriedenstellte, und einer

Laugenbrezel versehen hatte, praktizierte Rottmann in gekonnter Manier den Einkehrschwung in den *Maulaffenbäck*.

»Guten Morgen, Erich!«, grüßte Anni, die Bedienung, ihren Stammgast. Sie stand hinter dem Tresen und faltete Servietten. Es waren zwar schon einige Gäste da, aber der Hauptandrang stand noch an.

»Grüß Dich Gott, Anni«, erwiderte Rottmann und legte den Finger zum Gruß an die Stirn. »Das Übliche.«

Sie nickte. Während sich Rottmann zum Stammtisch begab, holte sie Teller und Besteck herbei, dann eilte sie zum Tresen und schenkte ihm einen trockenen Silvaner ein. Rottmanns kleines Frühschoppengedeck.

»Morgen, Erich!« Dr. Ritter, ehemaliger Leitender Oberstaatsanwalt der Staatsanwaltschaft Würzburg im Ruhestand und eifrigstes Mitglied des Stammtisches *Die Schoppenfetzer*, saß an seinem angestammten Platz und las in der Zeitung. »Heute stehen wieder nur Horrormeldungen drin. Man meint, die ganze Welt will sich nur noch die Köpfe einschlagen.« Er faltete die Blätter zusammen und legte die Zeitung neben sich auf einen Stuhl. Es war eindeutig, daß er sich lieber unterhielt, als die neuesten Nachrichten zu studieren.

Erich Rottmann ließ sich auf seinem Stammplatz auf der Bank nieder. Öchsle machte es sich sofort unter dem Gesäßbaldachin seines Herrn bequem. Eventuell herunterfallende Leberkäsbröckchen konnte er hier am schnellsten erreichen.

»Laß mich bloß in Frieden mit dem Kram«, winkte Rottmann ab. »Ich brauche jetzt erst mal was Ordentliches in den Magen.«

Er packte den in Alufolie verpackten Leberkäs aus und legte ihn auf den Teller. Wie immer war die Portion geneigt, den Tellerrand zu ignorieren.

»Im Rathaus scheinen sie ja auch langsam nicht mehr zu wissen, wo sie das Geld herbringen sollen«, fuhr Ritter fort. »Hast Du schon von der neuesten Idee gehört? Die wollen eine sogenannte Beamtenpatenschaft einführen. Der Erlös soll direkt in die Stadtkasse fließen.«

Rottmann riß die Augen auf, fast hätte er sich verschluckt. »Was ist denn das schon wieder für ein Schwachsinn?«

»Na ja«, erklärte Ritter und blickte dabei todernst drein, »Du kannst dann aufs Rathaus gehen und gegen die Entrichtung eines jährlichen Obolus die Patenschaft für einen städtischen Beamten übernehmen.«

Rottmann vergaß vor lauter Verwunderung, den Mund zu schließen. »So was hab ich ja überhaupt noch nicht gehört.«

Ritter zuckte mit den Schultern.

»Nachdem es mit dem Brunnensponsoring in der Stadt so gut geklappt hat, haben unsere Stadtlenker wahrscheinlich gedacht, mit der Beamtenpatenschaft könnte es genauso gehen. Ab nächster Woche legen sie im Bürgerbüro Listen mit Namen von städtischen Bediensteten aus. Da kannst Du Dir dann einen aussuchen. Du übernimmst dann einen Teil seines Gehalts und kriegst dafür eine Urkunde. Wie ich hörte, sollen Müllmänner besonders gefragt sein, Stadträte weniger.«

Ritter lachte wiehernd.

Rottmann sah ihn schräg von der Seite an. Jetzt bemerkte er das leichte Glitzern in den Augen seines Stammtischbruders und wußte, daß er auf den Arm genommen worden war.

»Respekt«, knurrte er und grinste verhalten, »du hast mich ganz schön reingelegt. Aber bei der derzeitigen städtischen Finanzlage ist tatsächlich alles denkbar.«

»Modernes Politik- und Finanzmanagement macht es möglich«, gab Dr. Ritter knapp zurück, »die CD, die unsere Stadtoberin besungen hat, hat jedenfalls wie eine Granate eingeschlagen. Eine Bekannte hat mir erzählt, daß diese Scheibe im Bürgerbüro des Rathauses nach den Gelben Säcken der am meisten nachgefragte Artikel ist. Ich habe mir das Ding auch schon besorgt. Ich muß sagen, Respekt, die Stimme unserer Rialena kann sich wirklich hören lassen. ›Unplugged‹, wie man auf neudeutsch sagt.«

»Guten Morgen, Herrschaften«, grüßte Ron Steiner, emeritierter Seniorpartner einer erfolgreichen Würzburger Anwaltssozietät und ebenfalls ständiges Mitglied der Schoppenfetzer. Er nahm seinen Hut vom Kopf, ließ ihn auf die Sitzbank fallen und stellte eine bedruckte Einkaufstasche daneben, dann setzte er sich neben Dr. Ritter. »Ich kann euch sagen, der Streß reibt einen auf!«, ächzte er. »Hab mir gerade in der Münzstraße in der *Schuhschmiede* ein Paar neue Treter gekauft. Das ist bei meinen Senk-, Knick-, und Spreizfüßen immer eine riesige Aktion. In der ganzen Stadt kriege ich sonst kein geeignetes Schuhwerk. Jetzt brauche ich dringend eine Stärkung!« Er hob die Hand und winkte Anni zu.

»Was gibt's Neues?«, fragte er dann und blickte neugierig in die Runde. Augrund einer Zahnfehlstellung war seine Aussprache leicht zischelnd.

»Wir haben uns gerade über die neuesten Geldbeschaffungsaktivitäten unserer Stadtregierung unterhalten«, klärte Dr. Ritter seinen Kollegen auf.

»Aha!« Ron Steiner hob verstehend die Augenbrauen.

Erich Rottmann nahm einen kräftigen Schluck aus seinem Schoppenglas, dann wischte er sich die Lippen mit dem Handrücken ab.

»Ron, Du bist doch immer bestens informiert. Kannst Du uns sagen, ob der in der Presse so groß angekündigte Bürgermeisterschoppen am *Unteren Markt* jetzt tatsächlich durchgeführt wird oder nicht? Wie ich hörte, sollen sich die Würzburger Weingüter noch nicht ganz einig sein, wer welche Weinsorte beisteuert. Jedenfalls hat das unser Kulturreferent gestern im Regionalfernsehen behauptet.«

Erich Rottmann sprach von der seit Wochen in Würzburg heftig diskutierten Benefizveranstaltung, die findige Köpfe im Rathaus zusammen mit den großen Würzburger Weingütern ausgetüftelt hatten. Dabei war geplant, daß Juliusspital, Bürgerspital und Staatlicher Weinkeller jeweils ein Faß Wein spendieren sollten. Der Inhalt sollte im Rahmen eines großen Weinfestes am *Unteren Markt* zugunsten der Stadtkasse für gutes Geld verkauft werden.

Ron Steiner beugte sich vor und stützte sich auf seine Ellenbogen auf.

»Ich habe mich gestern zufällig mit dem Kellermeister des Staatlichen Hofkellers über dieses Thema unterhalten. Wir hatten dort vom Anwaltsverein eine kleine Weinprobe. Er hat mir erzählt, daß er für diese Aktion bereits ein 2000-Liter-Faß zur Befüllung hergerichtet hat. Ein echt historisches Holzfaß, wie er mir sagte. Der Hofkeller wird einen schönen Spätburgunder spendieren. Ich hatte bei der Weinprobe die Gelegenheit das Weinchen zu probieren. Ganz ausgezeichnet, sage ich euch!« Er schnalzte genießerisch mit der Zunge.

Anni brachte Steiners Schoppen an den Tisch und stellte ihn auf den Tisch.

Dr. Ritter, der während des Gesprächs ganz beiläufig die Speisekarte in die Hand genommen hatte, legte der Bedienung plötzlich die Hand auf den Arm.

»Warte mal, Anni, wie ich sehe, habt ihr eine neue Speisekarte. Gibt's dafür einen besonderen Anlaß? Ihr habt doch die Preise erst vor drei Monaten erhöht!«

Die anderen beiden *Schoppenfetzer* wurden sofort hellhörig. Die Preispolitik des *Maulaffenbäcks* berührte, wie jeder nachvollziehen kann, ihre ureigensten Interessen.

Anni war anzumerken, daß ihr diese Frage unangenehm war. »Ja …, der Chef … und die Chefin waren der Ansicht, die Preise müßten wieder einmal angepaßt werden. Es ist ja alles teurer geworden …«

Der ehemalige Behördenleiter hatte mittlerweile in der Karte weitergeblättert. Plötzlich stutzte er. Er legte seinen Finger auf eine Stelle des in Plastikfolie eingeschweißten Blattes.

»Das hier ist aber nicht euer Ernst!« Er wurde so laut, daß die anderen Gäste aufmerksam wurden.

»Was gibt's denn?«, wollte Ron Steiner wissen. Auch Erich Rottmann beugte sich über den Tisch, um zu sehen, was Ritter an der Speisenkarte so erregte.

»Erich, halt Dich fest, wenn Du hier zukünftig Deine Brotzeit essen willst, mußt Du ab sofort für das Besteck und den Teller einen Euro Gebühr zahlen!«

Erich Rottmann sah seinen Stammtischbruder an, als wäre er jetzt völlig von der Rolle.

»Wie …? Was …?«

»Na ja, für Deinen Leberkästeller und das Besteck mußt Du heute einen Euro berappen – weshalb auch immer.«

Schlagartig nahm Rottmanns Gesicht die Farbe eines gebrühten Krebses an.

»Ja, seid ihr denn von allen guten Geistern verlassen«, stieß er hervor, dabei sah er Anni an, als wolle er ihr gleich an den gestärkten Serviererinnenkragen springen. »Ihr könnt doch nicht einfach die guten alten Bräuche zerstören!«

Seine Stimme hatte sich von Wort zu Wort zu immer größerer Lautstärke gesteigert. Mittlerweile nahmen alle Gäste an Rottmanns Ausbruch regen Anteil. Da es sich aber fast ausschließlich um gestandene Mainfranken handelte, die das Entsetzen des heimatverbundenen Weintrinkers nachvollziehen konnten, erntete er nur beipflichtendes Kopfnicken.

»Erich, jetzt reg Dich doch nicht so auf«, versuchte Anni ihren Stammgast zu beruhigen. Sie befürchtete einen kleinen Aufstand. »Der Wirt hat doch gesagt, daß diese Regelung nicht für Stammgäste gilt. Du und die anderen *Schoppenfetzer* können also weiterhin ihr Brotzeitgedeck zum Nulltarif haben.«

Rottmann sah sie kopfschüttelnd an. »Mein Gott, sie kapiert's nicht!«, stöhnte er. »Ja, begreift ihr nicht, daß ihr damit das gesamte Ansehen des *Maulaffenbäcks* zerstört? Das, was besonders am *Maulaffenbäck* ist, das Traditionelle, weswegen die Leute hier hereinkommen, ist kaputt! Wegen ein paar lumpiger Euro!«

Er sah seine Stammtischbrüder an, dann stand er auf.

»Ich für meinen Teil mache das nicht mit. Ich verlasse dieses ungastliche Lokal!«

Die beiden anderen *Schoppenfetzer* erhoben sich wie ein Mann. »Erich, geh voran, wir folgen dir!«

Öchsle sah einen Augenblick verwirrt der kleinen Prozession hinterher, die sich zielstrebig dem Ausgang näherte. Dann sprang er auf und trippelte eilig hinterher, um den Anschluß nicht zu verlieren.

Im *Maulaffenbäck* ließen sie eine bleierne Stille zurück. Einige andere Stammgäste erhoben sich ebenfalls und schlossen sich in stiller Solidarität den *Schoppenfetzern* an. Zurück blieben ein verdutzter Wirt und eine schockierte Bedienung.

Nach diesem mißglückten Frühschoppen standen die drei Protestierer vor dem *Kaufhof* und überlegten, wie sie ihren Vormittag noch retten könnten.

»Was haltet ihr davon, wenn wir in die Probierstube vom Juliusspital gehen?«, warf Dr. Ritter ein.

Erich Rottmann schüttelte den Kopf. Ihm war der Tag ordentlich verdorben.

»Freunde, nehmt es mir nicht übel, aber ich habe wirklich keine Lust mehr. Wir sehen uns.« Er winkte leicht und marschierte davon. Wenig später konnte man aus der Menschenmenge eine kräftige Rauchwolke aufsteigen sehen. Erich Rottmann hatte seine Pfeife angezündet.

Es gab einen Mann in der Stadt, der in den letzten Tagen die örtliche Presse und die Sendungen des Regionalfernsehens mit besonderer Anspannung verfolgt hatte. Von Tag zu Tag fühlte er sich erleichterter, keinen Hinweis auf einen ungewöhnlichen Leichenfund veröffentlicht zu sehen. Ihm war klar, daß der Fund des Toten einen Orkan im Blätterwald ausgelöst hätte.

Der pensionierte Kriminalkommissar haßte Unpünktlichkeit. Deshalb war er auch eine Minute vor der vereinbarten Zeit am Rathaus. Pünktlich um halb acht öffnete Elvira Stark die Tür des Seiteneingangs und spitzte heraus.

»Ah, da bist Du ja«, rief sie erfreut, als sie ihren alten Jugendfreund entdeckte. »Komm rein.« Sie hielt die Tür ein Stück weit auf, damit Rottmann und Öchsle eintreten konnten. Für den alten Kriminalbeamten gab es keinerlei Zweifel, daß der Hund ihn begleiten durfte.

»Was will denn unsere Frau Stadtoberin von mir«, wollte er wissen, während er neben Elvira die Stufen zur Regierungsetage hinaufstieg.

Elvira Stark, die man wohl guten Gewissens zu den bestinformierten Persönlichkeiten in der Stadt zählen durfte, zuckte mit den Schultern. »Erich, so wahr ich hier neben Dir gehe, ich habe keine Ahnung. Die Frau Oberbürgermeisterin hat nichts herausgelassen. Es muß allerdings sehr wichtig sein, denn seit Tagen herrscht hier auf der Chefetage im Rathaus eine ausgesprochen angespannte Stimmung.«

Erich Rottmann zog die Augenbrauen empor. Wenn Elvira nichts wußte, dann mußte die Angelegenheit wirklich brisant sein. Sonst sickerte doch immer irgend etwas durch, wenn im Rathaus was schieflief.

Das Büro der Oberbürgermeisterin war für Erich Rottmann kein unbekanntes Terrain. Er konnte sich noch gut an den Fall der »Silvanerleiche« erinnern, als er diesen Tatort untersuchte.

Als sie vor der Tür angekommen waren, nickte ihm Elvira auffordernd zu. »Du kannst direkt reingehen. Die Oberbürgermeisterin erwartet Dich bereits.« Dann entfernte sie sich. Rottmann sah ihr verwundert hinterher. Daß sich seine alte Freundin freiwillig davonmachte, erstaunte ihn schon sehr. Normalerweise ließ sie sich doch keine Gelegenheit entgehen, Neuigkeiten zu erfahren. Erich Rottmann hob die Hand und klopfte an die Tür.

Das »Herein« kam prompt. Der Ex-Kommissar und sein Hund traten ein.

Oberbürgermeisterin Dr. Ria-Magdalena Beckstein-Mannfeld saß hinter ihrem Schreibtisch. Als sie Rottmann erkannte, erhob sie sich und kam auf ihn zu.

»Lieber Herr Rottmann, herzlichen Dank, daß Sie meiner Bitte, mich hier aufzusuchen, so schnell nachgekommen sind. Entschuldigen Sie bitte die etwas unkonventionelle Art der Einladung, aber wenn Sie erfahren haben, um was es geht, werden Sie es sicher verstehen.«

Sie wandte sich um und blickte zu dem Mann, der auf einem Sessel vor dem Schreibtisch der Oberbürgermeisterin saß und sich jetzt erhob.

»Darf ich die Herren miteinander bekannt machen«, sagte Dr. Beckstein-Mannfeld. »Das ist Norbert Klingler, seit einem halben Jahr mein persönlicher Assistent. Herr Erich Rottmann, ehemaliger Leiter der Mordkommission in Würzburg.«

Rottmann und Klingler gaben sich die Hand. Rottmann warf seinem Gegenüber einen prüfenden Blick zu. Der Mann machte einen offenen, intelligenten Eindruck und musterte Rottmann mit einer gewissen Neugierde. Sympathisch, war Rottmanns erster Eindruck, dann ließ er sich auf dem angebotenen Stuhl nieder. Öchsle legte sich ohne Umstände neben seinem Herrchen nieder.

»Herr Rottmann, darf ich Ihnen etwas zu trinken anbieten? Vielleicht ein Wasser?« Klingler wies auf die Flaschen auf dem Serviertischchen, das neben ihm stand.

Rottmann warf der Wasserflasche einen abschätzigen Blick zu, dann lehnte er dankend ab. Wasser pflegte er gewöhnlich nur zum Duschen zu verwenden. Laut sagte er: »Kommen Sie doch einfach zur Sache, ich bin gespannt, weswegen Sie die Hilfe eines pensionierten Kriminalisten benötigen.«

Dr. Beckstein-Mannfeld räusperte sich, dann konzentrierte sie sich und kam ohne weitere Umschweife zur Sache.

»Wir haben folgendes Problem: Seit etwa einer Woche fehlt unser Stadtkämmerer unentschuldigt. Das heißt im Klartext, er hat weder Urlaub, noch hat er sich krank gemeldet. Es gibt keinerlei Hinweise, wo er sich im Augenblick aufhalten könnte. Familie hat er keine. Soweit wir wissen, lebt er allein.«

Sie erhob sich und marschierte nervös auf und ab. Rottmann folgte ihr aufmerksam mit den Augen. Er spürte, daß weitere heikle Informationen folgen würden.

»Das Problem ist, in unserer Haushaltsabteilung, die dem Kämmerer direkt untersteht, ist der Verdacht auf finanzielle Unregelmäßigkeiten aufgetreten. Einer der Beamten dort ist ebenfalls seit einigen Tagen nicht mehr zum Dienst erschienen. Allerdings hat der sich krank gemeldet.«

Die Oberbürgermeisterin legte eine Pause ein. Statt dessen führte Klingler weiter aus. »Wir haben sofort die Innenrevision verständigt. Die Beamten haben die Anweisung, möglichst diskret alle Fakten zu ermitteln. Wenn an der Sache etwas dran ist, und die Angelegenheit käme an die Öffentlichkeit, wäre ein Skandal perfekt. All unsere geplanten Bemühungen, in der nächsten Zeit mit gezielten Aktionen unsere Stadtkasse aufzubessern, würden von der Bevölkerung in Frage gestellt werden.«

Rottmann nickte verständnisvoll. »Und was soll ich bei der ganzen Angelegenheit machen?«

Die Oberbürgermeisterin blieb direkt vor ihm stehen und sah auf ihn herunter. »Ich möchte Sie bitten, diskret herauszufinden, wo unser Kämmerer abgeblieben ist. Dieses plötzliche Verschwinden ist für Dr. Naumann, der mir nur als korrekter Mann bekannt ist, ein ausgesprochen ungewöhnliches Verhalten. Möglicherweise ist ihm etwas zugestoßen.«

Rottmann steckte die Hände in die Joppentasche und lehnte sich auf seinem Stuhl zurück. »Wann haben Sie den Kämmerer das letzte Mal gesehen?«

Die Oberbürgermeisterin ging um ihren Schreibtisch herum und ließ sich in den Sessel fallen. Etwas zögernd erklärte sie: »Das war auf dem *Schützenhof*. Wir hatten dort im kleinen Kreis eine … Besprechung. Am nächsten Tag ist Naumann nicht mehr im Rathaus erschienen.«

Rottmann sah sie erstaunt an. »Auf dem *Schützenhof*?«

»Ja«, sprang Klingler seiner Chefin zur Seite. »Es handelte sich um ein Zusammentreffen, das am nächsten Tag nicht unbedingt in der Zeitung stehen sollte. Deshalb der etwas ungewöhnliche Ort.«

»Aha«, kommentierte Rottmann. »Gab es dabei etwas Ungewöhnliches? Wann hat Dr. Naumann die Besprechung verlassen?« Ohne daß es ihm richtig bewußt wurde, befaßte er sich gedanklich bereits mit der Sache.

Klingler sah seine Chefin fragend an. Als diese nur eine nichtssagende Handbewegung machte, beantwortete er die Frage. »Die Besprechung lief eigentlich ganz harmonisch ab. Es gab keinen Streit oder dergleichen, wenn Sie das meinen. Dr. Naumann hat die Zusammenkunft allerdings als erster verlassen.« Er überlegte einen Augenblick, dann fuhr er fort: »Ein bißchen merkwürdig war es schon. Wir dachten alle, er würde nur mal kurz rausgehen, um ... Na ja, Sie wissen schon. Wir alle hatten dem Federweißen zugesprochen. Er ist dann nicht mehr zurückgekommen. Es hat sich keiner etwas Besonderes dabei gedacht, da wir eigentlich alle Themen besprochen hatten. – Wenig später sind wir dann auch aufgebrochen.«

»Seitdem haben Sie den Kämmerer nicht mehr gesehen?«, vergewisserte sich Rottmann.

Seine beiden Gesprächspartner nickten einhellig.

Rottmann erhob sich. Öchsle hob den Kopf und sprang ebenfalls auf die Pfoten. »Also gut, ich werde sehen, was ich herausfinden kann«, erklärte der pensionierte Kriminalist. »Wie kann ich mit Ihnen Kontakt aufnehmen? Sicher wäre es nicht sachdienlich, wenn ich ständig im Rathaus gesehen werde. Die Presse könnte Wind von der Sache bekommen.«

Klingler griff in seine Jacke und reichte Rottmann eine Visitenkarte. »Unter der Mobiltelefonnummer können Sie mich immer erreichen.«

Wenig später standen Rottmann und Öchsle wieder auf dem Flur. Wie ein Geist aus der Flasche tauchte plötzlich Elvira aus einem der Seitengänge auf.

»Na, wie ist es gelaufen?«, fragte sie mit vor Neugierde blitzenden Augen. »Was wollte Sie von Dir?«

»Amtsgeheimnis!«, erwiderte Erich Rottmann knapp, nicht ohne eine gewisse Schadenfreude. Er wußte natürlich genau, daß Elvira im Augenblick vor Wißbegierde fast platzte.

»Komm, Erich«, schmeichelte sie, »mir kannst Du es doch sagen. Hast Du wieder einen Kriminalfall in petto?«

Rottmann legte ihr die Hand auf die Schulter. »Liebe Elvira, ich kann mir gut vorstellen, daß Du wissen möchtest, was los ist. Aber glaube mir, ich habe absolute Diskretion zugesagt – und daran halte ich mich auch. Selbst Öchsle wurde verpflichtet, die Schnauze zu halten.«

Er warf seinem Hund einen ernsten Blick zu, den Öchsle mit einem Schwanzwedeln beantwortete.

»Na, dann behalte Deine Geheimnisse doch für Dich«, erwiderte Elvira sichtlich beleidigt und drehte sich um. »Ich habe zu tun. Wie Du raus kommst, weißt Du ja selbst!« Sprach's und rauschte davon.

»Jetzt ist sie beleidigt«, stellte Erich lakonisch fest und wandte sich zur Treppe. »Aber bestimmt nicht lange. Wetten?« Wieder signalisierte Öchsle mittels seines angewachsenen Kommunikationsinstruments Zustimmung.

Erich Rottmann verließ das Rathaus und marschierte in Richtung Rosengasse. Eigentlich hätte er heute Stammtisch gehabt. Aber der heutige Vorfall im *Maulaffenbäck* hatte ihm die Laune auf Stammtischgemütlichkeit gehörig verdorben.

Der Mann, der die Leiche beseitigt hatte, kam mehrmals am Tag an deren Versteck vorbei. Das belastete ihn enorm. Er hatte das Gefühl, seine Kollegen würden ihm sein schlechtes Gewissen ansehen. Tatsächlich aber kümmerte sich keiner um ihn. Niemand interessierte sich für den Ort, wo der Tote lag. Der Mann nahm sich vor, die Leiche in zwei Tagen abzuholen und an ihren endgültigen Ruheort zu bringen: an eine Stelle, an der man sie auch in vielen Jahren nicht finden würde.

Erich Rottmann geriet, kaum daß er seine Wohnung betreten hatte, in einen Zustand ungewohnter emotionaler Erregung. Schuld daran war eine Nachricht, die sein Stammtischbruder Dr. Ritter auf seinen Anrufbeantworter aufgesprochen hatte.

Der pensionierte Oberstaatsanwalt teilte ihm auf diesem Weg mit, daß eine Gruppe der Stammtischbrüder beschlossen hatte, den Stammtisch im *Maulaffenbäck* in der nächsten Zeit ausfallen zu lassen! Man wolle sich am nächsten Morgen um 10 Uhr im *Café Haupeltshofer* treffen, um das weitere Vorgehen in dieser Krise zu diskutieren.

Ritter gab seiner Hoffnung Ausdruck, daß Rottmann dieses Vorgehen billigen möge. Er habe versucht, Rottmann zu konsultieren, um ihn in die Entscheidung mit einzubeziehen, habe ihn aber leider nicht erreicht.

Diese Nachricht löste bei Rottmann eine tiefe Erschütterung aus, da es einen Vorgang dieser Art seit Gründung der *Schoppenfetzer* noch nicht gegeben hatte.

Nachdem Rottmann diese Botschaft in ihrer vollen Bedeutung erfaßt hatte, mußte er sich erst einmal setzen. Ritter rief da zu einer regelrechten Protestaktion auf! Es sei, so ließ er wissen, ein verzweifelter Versuch, die unterfränkische Bäcken-Kultur zu retten. Er sei sich mit allen kontaktierten *Schoppenfetzern* darin einig, daß man, so schmerzhaft das auch sei, den *Maulaffenbäck* boykottieren müsse. Nur so könne man bei Wirt und Wirtin ein Umdenken erreichen. Ritter erwähnte auch eine strategische Leserbriefserie, die bei der örtlichen Presse geplant sei.

Erich Rottmann unterstützte diese Aktion selbstverständlich voll. Auf der anderen Seite war es schon eine harte Kasteiung, den geliebten Stammtisch so einfach ausfallen zu lassen. Es hatte etwas von einer Heimatvertreibung.

Rottmanns Zorn auf die kulturzerstörende Geldgeilheit

gewisser Wirtskreise steigerte sich derart, daß er seine Wut nur mit einem Schoppen *Schwarzriesling* abkühlen konnte. Bei Mozart und einer ordentlich gestopften *Bruyere* fand er ganz langsam wieder zu seiner unterfränkischen Ausgeglichenheit zurück. Sicher würde man mit entsprechender Konsequenz beim *Maulaffenbäck* ein Umdenken erreichen können.

Seine Gedanken wandten sich dem zurückliegenden Gespräch mit der Rathausspitze zu.

Öchsle, der die Gemütsverfassung seines Herrchens mit der seiner Art eigenen Sensibilität erfaßte, verzog sich nicht wie gewohnt in sein Körbchen, sondern legte sich direkt zu Füßen seines Menschen. Sein Kopf lag auf Rottmanns Zehenspitzen. Moralische Unterstützung nach Öchsle-Art.

Rottmann kannte Dr. Naumann nicht persönlich. Was er aber aus Stammtischgesprächen und aus den Medien erfahren hatte, wies auf einen überaus korrekten Mann hin, der offenbar versuchte, mit unkonventionellen Ideen die Haushaltslöcher der Stadt zu stopfen. Eher der Typ graue Eminenz, der im Hintergrund die Fäden in der Hand hielt. Ohne sich selbst die für einen Kriminalisten unverzichtbare Objektivität einzuschränken, traute er dem Mann nicht die verbrecherische Energie zu, im Rathaus Unterschlagungen vorzunehmen. In seiner Position hatte er sicher den Überblick über die Finanzen, konnte auch entsprechende Geldbewegungen veranlassen, war aber vermutlich selbst nicht in der Lage, Manipulationen zum eigenen Vorteil vorzunehmen, ohne Mittäter zu haben. Hier durfte sich die Organisation nicht erheblich von der der Polizei unterscheiden, bei der auch das Vieraugenprinzip herrschte. Das hieß, daß Geldzahlungen immer von zwei verantwortlichen Personen veranlaßt werden mußten.

Rottmann stieß eine dichte Tabakwolke aus, die in sich verändernden Rauchschemen zur Decke des Wohnzimmers schwebte. Wenn das Verschwinden des Kämmerers überhaupt etwas mit den Unregelmäßigkeiten im Rathaus zu tun hatte, dann dürfte diesem wohl eher eine Opferrolle zukommen.

Rottmann rief sich zur Ordnung. Spekulationen waren etwas für die Presse, nicht für einen Kriminalbeamten, der sich mit Fakten auseinanderzusetzen hatte.

Das gedankliche Stichwort Presse veranlaßte Rottmann, sein Fernsehgerät einzuschalten, um die Nachrichten des Regionalfernsehens anzusehen. Der Sender wiederholte seine Sendungen bis in den späten Abend, so daß sich auch späte Zuschauer noch informieren konnten. Wenn schon irgend etwas aus dem Rathaus durchgesickert war, würde er es hier am ehesten erfahren.

Nachdem er sich eine halbe Stunde lang die monotone Stimme des bemühten Nachrichtensprechers angehört hatte, war er überzeugt, daß der Fall noch nicht in die Öffentlichkeit gedrungen war. Am Rande nahm er zur Kenntnis, daß der Sprecher mit geradezu emphatischer Begeisterung auf den zwei Tage später auf dem Marktplatz stattfindenden Bürgermeisterschoppen hinwies, dessen Reinerlös der Stadtkasse zugute kommen sollte.

Rottmann schaltete den Apparat ab, trank seinen Schoppen aus und erhob sich. Öchsle stand schon an der Tür. Er wußte, nun war seine letzte Runde um die Bäume der Nachbarschaft fällig.

Der nächste Morgen wurde von einer gutgelaunten Herbstsonne verwöhnt. Rottmanns Stimmung war hingegen eher angespannt. Schließlich standen wichtige Entscheidungen an.

Nachdem Erich Rottmann mit Öchsle am Main den gewohnten Morgenspaziergang gemacht hatte, marschierte das ungleiche Gespann in Richtung *Haupeltshofer*.

Erich Rottmann war in dem Café bestens bekannt, weil er dort regelmäßig frühstückte. Die Tatsache, daß die *Schoppenfetzer* dort eine Zusammenkunft hatten, sorgte bei der Besitzerin und den Bedienungen für einige Aufregung. Schließlich war der Stammtisch stadtbekannt, und man wußte auch, wo er für gewöhnlich tagte. Daß heute im *Haupeltshofer* ein Treffen stattfand, gab zu einigen Spekulationen Anlaß.

Man hatte im hinteren Bereich des Lokals einige Tische zusammengestellt, so daß ein fast abgeschlossener Bereich entstand, der eine gewisse Diskretion sicherstellte.

Rottmann nickte den bereits fast vollständig anwesenden Stammtischbrüdern zu, dann ließ er sich auf einem freien Platz auf der Bank nieder. Öchsle bezog seine Stellung darunter. Die Bedienung eilte herbei, und Rottmann bestellte »das Übliche«.

Dr. Ritter wartete ab, bis jeder *Schoppenfetzer* versorgt war, dann räusperte er sich. »Meine Herren, wir sind hier an diesem ungewöhnlichen Ort zusammengekommen, um unsere weitere Strategie in bezug auf unser Stammlokal zu besprechen. Im Augenblick sind wir gewissermaßen Heimatvertriebene. Ich sehe darüber hinaus die Existenz unseres Stammtisches gefährdet.«

Beifälliges Gemurmel aus dem Kreis der Stammtischbrüder war das Echo auf seine Ausführungen.

»Wir müssen mit allen uns zur Verfügung stehenden Mitteln dafür sorgen, daß die letzte Bastion traditioneller unterfränkischer Gastlichkeit erhalten bleibt.« Knöchelhartes Klopfen auf den Tischen bekundete ihm Beifall.

»Ich schlage vor, einen geschliffenen Schriftsatz auszuarbeiten, in dem wir den Wirtsleuten des *Maulaffenbäck* unseren Standpunkt darlegen!« Ron Steiner schwor in solchen Fällen berufsbedingt auf die Wirkung präziser schriftlicher Ausarbeitungen, die den Leser beeindrucken sollten.

Erster Kriminalhauptkommissar a. D. Xaver Marschmann, ehemaliger Undercoverbeamter, blickte auf seine geballte Faust. »Gelegentlich ist es in solchen Fällen gar nicht schlecht, den Leuten ein konkretes Angebot zu machen, dem sie nur schwer widersprechen können.«

Erich Rottmann schüttelte den Kopf. »Leute, das einzige, was die Wirtsleute überzeugen könnte, ist meines Erachtens eine Aktion, die sie im Geldbeutel spüren. Wenn wir den Stammtisch bestreiken und vielleicht auch noch einige andere Stammgäste mitziehen können, werden sie sehr schnell zur Einsicht kommen. Da möchte ich wetten!«

Dr. Ritter nickte beipflichtend. »Erich hat sicher recht. Ich schlage daher vor, daß wir eine Woche lang den *Maulaffenbäck* boykottieren.«

Beipflichtendes Gemurmel in der Runde.

»Und wo trinken wir in der Zwischenzeit unseren Schoppen?« Der Einwand von Rechtsanwalt Hübner, einem ebenfalls pensionierten Anwalt, traf ein Kernproblem, das bisher noch nicht angesprochen worden war.

»Schlage vor, daß wir uns jeden Tag in einem anderen Weinlokal treffen«, warf Marschmann ein. »Ihr werdet sehen, das spricht sich schnell herum, wenn der Stammtisch der *Schoppenfetzer* sich gewissermaßen auf Rundreise begibt.«

Marschmanns Vorschlag wurde einstimmig angenommen. Die Herren blieben noch zwei Stunden, dann löste sich die Runde auf. Bei einigen Stammtischmitgliedern warteten zu Hause die Ehefrauen mit dem Mittagessen.

Erich Rottmann hatte ausreichend gefrühstückt und sah sich nun ausreichend gekräftigt, mit seinen Ermittlungen zu beginnen. Zunächst würde er es einmal bei der Wohnung des Vermißten versuchen. Es wäre nicht das erste Mal gewesen, daß ein Mensch in einer Stadt hilflos in seiner Wohnung lag und es keiner bemerkte.

Dr. Naumann wohnte, wie Rottmann von der Oberbürgermeisterin erfahren hatte, in einem Penthouse auf dem Heuchelhof. Sie selbst hatte ihm diese Wohnung vor einigen Jahren vermittelt.

Die Linie 5 der Würzburger Straßenbahn brachte Rottmann und Öchsle – trotz undurchsichtigem Wabentarif – zur Zielhaltestelle.

Naumanns Dachterrassenwohnung thronte auf einem schmucken Mehrfamilienhaus in einer ruhigen Seitenstraße. Rottmann zögerte nicht lange und läutete bei dem Schild mit der Aufschrift »Naumann«. Wie erwartet, wurde nicht geöffnet.

Der ehemalige Kriminalist überlegte noch, wen er unauffällig befragen könnte, als die Tür aufging und eine ältere Dame mit einem Zwergpudel aus dem Haus kam. Als sie Öchsle bemerkte, bekam sie einen fürchterlichen Schreck und griff fast panisch nach ihrem Hündchen.

»Halten Sie bitte Ihren Hund kurz«, rief sie mit vor Erregung sich überschlagender Stimme, »mein Poldi ist schon zweimal gebissen worden!«

Öchsle, der gar nicht wußte, wie ihm geschah, wedelte der Frau und dem Artgenossen freundlich zu, woraufhin Poldi schrill zu kläffen begann.

Erich Rottmann setzte sein verbindlichstes Lachen auf und meinte: »Beruhigen Sie sich, gnädige Frau, mein Raubtier hat bereits gefrühstückt!«

»Flegel!«, rief sie, dann marschierte sie mit dem kläffenden Poldi auf dem Arm davon.

Erich Rottmann machte eine schnelle Bewegung vorwärts und verhinderte so, daß die Eingangstür ins Schloß fiel. Einen Augenblick später standen Herr und Hund im Treppenhaus.

Der Aufzug befand sich direkt gegenüber dem Eingang. Rottmann öffnete mit Knopfdruck die automatische Tür und trat ein.

Öchsle schnupperte interessiert in den Ecken der aus Edelstahl gefertigten Wände.

Der Aufzug hielt im obersten Stockwerk. Hier befand sich nur der Eingang zum Penthouse. An der Tür stand der Name »Naumann«.

Rottmann betätigte erneut die Klingel. Das Ergebnis war wie erwartet noch immer negativ.

Öchsle schnüffelte interessiert am Türspalt. Rottmann warf seinem vierbeinigen Freund einen prüfenden Blick zu. Es war ja denkbar, daß Naumann etwas zugestoßen war und er in der Wohnung lag. Leichengeruch, den er noch nicht wahrnehmen konnte, wäre der feinen Hundenase sicher nicht entgangen. Öchsle zeigte jedoch kein auffälliges Verhalten.

Rottmann überlegte einen Augenblick, dann begutachtete er das Türschloß kritisch.

»Öchsle, schau mal kurz weg«, brummte er, dann zog er ein schmales Lederetui aus der Hosentasche. Das Profi-Einbruchswerkzeug gehörte ursprünglich einem Straftäter, der in Würzburg und Umgebung Serieneinbrüche begangen hatte. Nachdem man ihn verurteilt hatte, war es Rottmann gelungen, dieses praktische Etui in seinen Besitz zu bringen. Es hatte ihm gelegentlich schon gute Dienste geleistet, wenn es etwa darum ging, die Wohnung von Mordopfern zu öffnen.

Der Fall hier war zwar nicht ganz vergleichbar. Aber der Versuch war sicherlich sachdienlich. Die Gefahr, bei seiner Tat entdeckt zu werden, war relativ gering. Von oben konnte niemand kommen. Wenn der Aufzug nach unten gerufen wurde, würde er es bemerken. Er wollte auch nur einen kurzen Blick in die Wohnung werfen.

Das Schloß hatte er nach zwei Minuten geöffnet. Mit einem leisen Schnappen sprang die Tür auf.

Rottmann und Öchsle schlüpften hinein. Leise schloß der pensionierte Polizist die Tür wieder hinter sich. Schnell erkannte er, daß er bereits in einem großzügigen Wohnraum stand. Die elegante Einrichtung des Raumes stach sofort ins Auge. Durch das Tageslicht, das durch die fast durchgehende Fensterfront hereinfiel, war das Zimmer hell und freundlich.

»Hallo!«, rief Rottmann. »Ist hier jemand?« Wie erwartet kam keine Antwort.

»Öchsle, Du bleibst bitte hier«, kommandierte Rottmann, dann bewegte er sich durch den Raum. Die edle Ausstattung nahm er nur beiläufig zur Kenntnis. Seine Aufmerksamkeit galt Hinweisen, die auf ein Verbleiben des Bewohners schließen ließen.

Mit schnellen Schritten durchquerte er das Zimmer und betrat das nächste. Es war der Schlafraum. Das große Doppelbett war nicht gemacht, die Zudecke lediglich zurückgeschlagen. Rottmann fiel auf, daß sich beide Betten in Unordnung befanden. Offensichtlich hatten hier zwei Personen gelegen.

Rottmann wußte, Dr. Naumann war Junggeselle. Das bedeutete aber nicht zwingend, daß er keine Sozialkontakte hatte. Er ging zum Bett und beugte sich nacheinander über die Kopfkissen. Beim rechten stieg ihm ein leichter Parfümgeruch in die Nase.

Auf dem Ablagebord an der Seite des einen Bettes, das er Naumann zuordnete, entdeckte er eine postkartengroße Fotografie in einem aufstellbaren Rahmen. Sie war leicht nach hinten gedreht, so daß er die abgelichtete Person nicht erkennen konnte. Er zog einen Kugelschreiber aus der Innentasche seiner Lodenjacke und drehte das Bild vorsichtig um. Keinesfalls wollte er hier Fingerabdrücke hinterlassen.

Die attraktive weibliche Person auf dem Foto erkannte er sofort. Er stieß einen leisen Pfiff aus. Das war eine interessante Entdeckung.

Rottmann verließ den Schlafraum und durchsuchte die restlichen Räume. Küche, Eßzimmer, Arbeitszimmer. Naumann befand sich nicht in der Wohnung. Alle Räumlichkeiten waren einigermaßen aufgeräumt, wie es üblicherweise bei einer Wohnung, die der Bewohner nur kurzfristig verlassen hatte, der Fall war. Er warf auch einen Blick in die Kleiderschränke. Sie waren voller Kleidungsstücke. Es gab keine Hinweise darauf, daß Dr. Naumann das Penthouse in irgendeiner Weise ungeordnet oder gar fluchtartig verlassen hatte. Überall dort, wo er Gegenstände angefaßt hatte, wischte Rottmann mit einem Taschentuch seine Spuren wieder gründlich weg. Für alle Fälle.

Erich Rottmann warf einen letzten Blick in den Wohnraum, dann bewegte er sich wieder in Richtung Ausgang. Öchsle folgte ihm auf dem Fuß. Als der ehemalige Kriminalist die Penthousewohnung wieder verließ, verwischte er auch an der Eingangstür gründlich alle Spuren. ›Erich, Du hast das Zeug für eine kriminelle Karriere‹, sinnierte er dabei.

Wenig später fuhr er mit dem Aufzug wieder hinunter.

Nachdenklich schlenderte er zurück in Richtung Straßenbahnhaltestelle. Seinem Gefühl nach hatte das Verschwinden des Kämmerers einen anderen Grund als eine eventuelle Unterschlagung in seinem Amtsbereich.

Als die Straßenbahn an der Haltestelle Steinbachtal hielt, stieg Erich Rottmann kurzentschlossen aus. Es war noch früh am Tag. Eine innere Stimme trieb ihn dazu, die Zeit zu nutzen und dem *Schützenhof* einen Besuch abzustatten. Außerdem gab es auf dem Berg die Möglichkeit, seine kulinarischen Bedürfnisse zu befriedigen. Möglicherweise konnte er an dem Ort, an dem Dr. Naumann letztmals gesehen worden war, verwertbare Erkenntnisse gewinnen. Vielleicht erhielt er brauchbare Hinweise, wenn er mit dem Personal des *Schützenhofs* sprach.

Wenig später marschierten Rottmann und Öchsle kräftigen Schrittes durch das *Steinbachtal* in Richtung *Hubertusschlucht.* Es war zwar etwas untypisch für ihn, aber heute hatte er sich vorgenommen, den *Nikolausberg* zu Fuß zu erklimmen.

Als der Mann wieder die Gelegenheit fand, die Stelle aufzusuchen, wo die Leiche versteckt war, erschrak er zutiefst. Das Versteck, in das er den Toten gelegt hatte, in dem Glauben, es würde in der nächsten Zeit unverändert dort stehen bleiben, war nicht mehr an Ort und Stelle.

Der Schrecken fuhr ihm so in die Glieder, daß er sich in einer Ecke niedersetzen mußte. Was sollte er tun, wenn die Beschäftigten durch Zufall auf das Bündel mit dem Leichnam stießen?

Er hob den Kopf und lauschte. War da in der Ferne nicht das Signalhorn eines Polizeifahrzeugs zu hören? Sicher galt dieser Einsatz nicht ihm. Es war aber durchaus möglich, daß irgendwann die Sirenen wegen ihm angeschaltet würden.

Vielleicht war ihm das Schicksal gnädig gestimmt, und er bekam eine Chance, seine Haut zu retten. Langsam lief er durch die Hallen des Unternehmens. Die Grüße der Mitarbeiter, die ihm von allen Seiten entgegengebracht wurden, beantwortete er automatisch.

Schließlich entdeckte er die Ruhestätte der Leiche. Man hatte sie in eine große Halle gebracht, wo sie offenbar auf ihren Abtransport wartete. Er erkundigte sich. Dann wußte er, es blieb ihm noch eine Nacht, um die Leiche von hier abzutransportieren. Nur eine Nacht! Ein schier unlösbares Problem.

Als Erich Rottmann eine gute Stunde später – reichlich außer Atem – den *Schützenhof* erreichte, mußte er sich eingestehen, daß er seine sportlichen Möglichkeiten etwas überschätzt hatte. Es war daher auch nicht weiter verwunderlich, daß er sofort den Einkehrschwenk vollzog und die Gaststube betrat. Im Außenbereich saßen nur wenige hartgesottene Gäste, die trotz der frischen Außentemperaturen die letzte Herbstsonne bei einem Glas Wein genossen.

Da nur zwei Tische besetzt waren, hatte Rottmann gewissermaßen die freie Auswahl. Die Bedienung lehnte am Tresen und rauchte eine Zigarette. Nachdem sich Rottmann niedergelassen hatte, legte sie ihre Zigarette auf einen Aschenbecher und kam mit der Speisekarte in der Hand herüber.

»Guten Tach«, grüßte sie und belegte damit ihre außerfränkische Herkunft. Studentin aus dem Norden, tippte Rottmann.

»Wissen Sie schon, was Sie trinken wollen?« Sie legte die Speisekarte auf den Tisch und zückte einen kleinen Block mit Stift. Dann entdeckte sie Öchsle, der es sich wie immer unter der Sitzgelegenheit seines Herrn gemütlich gemacht hatte.

»Ach, was bist denn Du für ein Süßer ...«, säuselte sie und beugte sich zu dem Rüden herab. Ganz Gentleman genoß dieser die Streicheleinheiten der jungen Frau. »Wissen Sie, ich habe zu Hause in Hamburg auch einen Hund.«

Rottmann lächelte verständnisvoll. Als sie sich wieder erhob, sagte er: »Bringen Sie mir doch bitte ein Glas von dem Bremser und ein Stück Zwiebelblooz.« Schnell verbesserte er sich: »Ich meine natürlich Zwiebelkuchen.«

»Verstehe schon«, erwiderte sie lachend und eilte davon. Sie gab die Bestellung an ihre Kollegin weiter, dann schnappte sie sich einen großen, sauberen Aschenbecher und füllte ihn mit Wasser. Vorsichtig balancierend kam sie damit an Rottmanns Tisch und stellte das Trinken vor Öchsle auf den Boden.

»Du hast doch sicher Durst«, stellte sie fest und streichelte Öchsle erneut über den Kopf. Der erhob sich und begann eifrig zu schlappern.

»Hund müßte man sein«, brummte Rottmann und grinste die Bedienung freundlich an. Dabei holte er seine Pfeife aus der Lodenjacke, legte sie aber neben sich auf den Tisch. Sie mußte bis nach dem Essen warten.

Die junge Frau lächelte freundlich zurück, dann erhob sie sich und eilte zum Tresen. Der Federweiße und der Zwiebelkuchen standen bereit.

Während sie Erich Rottmanns Bestellung servierte, fragte der alte Kommissar beiläufig: »Sagen Sie mal, man kann hier doch auch das Hinterzimmer reservieren? Wissen sie, ich habe da in der nächsten Zeit eine private Feier …«

»Ja, das geht schon«, erwiderte die Bedienung, »aber da müßten Sie bitte mit der Chefin sprechen. Sie führt den Terminkalender. Soll ich sie mal vorbeischicken?«

»Das wäre ein feiner Zug von Ihnen«, gab Rottmann zurück, dann nahm er einen kräftigen Schluck vom Federweißen. Der Bremser war gerade richtig und schmeckte verführerisch gut. Anschließend nahm Rottmann den Zwiebelkuchen und biß herzhaft hinein. Zweifellos waren nur echte Unterfranken in der Lage, die geschmackliche Komposition aus leicht vergorenem Traubensaft und gedünsteten Zwiebeln mit Speck auf Hefeteig richtig genießen zu können.

Nachdem er sich den Zwiebelkuchen einverleibt hatte, war auch der Federweiße weg. Mit einem Wink zum Tresen bestellte er ein weiteres Glas. Während er wartete, stopfte er sich etwas umständlich seine Pfeife.

Den zweiten Bremser servierte eine Dame, die einen Terminplaner unter den Arm geklemmt hatte. »Wie mir meine Mitarbeiterin sagte, wollen Sie das Hinterzimmer reservieren?«

Rottmann nickte. »Ja, das stimmt. Zuvor würde ich es mir aber gerne mal ansehen. Ich war zwar schon öfter hier, aber meistens war ich draußen auf der Terrasse gesessen und habe die Örtlichkeiten nicht mehr so richtig in Erinnerung.«

»Kein Problem«, erwiderte die Wirtin. »Wenn Sie Ihren Federweißen getrunken haben, lassen Sie mich doch einfach rufen. Ich habe hinten im Büro zu tun.«

Da im Augenblick nicht viel zu tun war, kam die Bedienung an den Tisch und wollte den leeren Teller abtragen. Öchsle nutzte die Chance, um ein paar weitere Streicheleinheiten abzustauben. Etwas aufdringlich lehnte er sich gegen das Bein der jungen Frau, die sich auch sofort darauf einließ.

»Öchsle, Du sollst nicht immer die Leute belästigen«, tat Rottmann so, als wäre ihm das Verhalten seines Hundes unangenehm.

»Lassen Sie ihn doch«, erwiderte darauf die Bedienung, »mein Schnuffi zu Hause ist auch nicht besser.« Sie bückte sich und erfüllte Öchsle seinen Wunsch.

»Heute sind kaum Gäste da«, begann Rottmann ein unverbindliches Gespräch. »Am Wochenende ist wohl mehr los.«

»Das können Sie wohl sagen«, bestätigte die junge Frau. »Da weiß man manchmal wirklich nicht, wo man anfangen soll.«

Rottmann stieß einige dichte Rauchwolken aus, dann fragte er beiläufig: »Haben Sie am letzten Wochenende auch bedient?«

»Schon«, gab sie zurück, »Warum?«

»Ach, nur so«, gab Rottmann zurück. »In der Stadt erzählt man sich, daß jetzt sogar unsere Rathausspitze hier heroben ihre Sitzungen abhält.«

Die junge Bedienung lächelte. »Stimmt. Wie ich mitbekommen habe, war die Frau Oberbürgermeisterin und eine kleine Gruppe hochstehender Persönlichkeiten im Hinterzimmer zu Gast. Soweit ich weiß, war es eine private Feier. Ich habe es nur am Rande mitbekommen. Die Chefin hat dort persönlich bedient.«

Rottmann gab sich mit dieser Aussage zunächst zufrieden. Es war wichtig, die Menschen, von denen er Auskünfte haben wollte, nicht mißtrauisch zu machen. Nur wer unbefangen war, erzählte ungefiltert Wissenswertes.

Nachdem er seinen zweiten Federweißen getrunken hatte, stand Rottmann auf und ging zum Tresen. Er bat, die Wirtin zu verständigen, da er sich nun das Hinterzimmer ansehen wollte.

»Wie viele Personen werden Sie denn sein?«, wollte die Wirtin wissen, während sie Rottmann durch das Hinterzimmer führte.

»Ähm, ich denke, mehr als zwanzig Leute werden es nicht«, erwiderte er, während er seine Augen durch den Raum gleiten ließ. »Ich muß dazu allerdings sagen, daß ich großen Wert auf eine gewisse ungestörte Abgeschlossenheit lege. Zu meinen Gästen gehört eine prominente Persönlichkeit aus dem Sportbereich, die ungestört von irgendwelchen Fans oder der Presse feiern möchte.«

»Darf ich fragen, um wen es sich handelt?«, fragte die Wirtin.

Erich Rottmann wiegte den Kopf. »Haben Sie bitte Verständnis dafür, daß ich darüber im Augenblick noch nicht sprechen möchte.«

»Sie können mir durchaus vertrauen«, gab die Wirtin zurück. »Wir hatten zum Beispiel letztes Wochenende fast die gesamte Prominenz aus dem Rathaus zu Gast. Wir haben dafür gesorgt, daß die Herrschaften hier völlig ungestört konferieren konnten.«

»Keine besonderen Vorkommnisse?«, fragte Rottmann beiläufig nach. Er sah die Frau dabei nicht an.

»Nein. Nichts. Was meinen Sie damit?«

Rottmann merkte, daß er hier nicht weiter bohren durfte, sonst machte er die Wirtin mißtrauisch.

»Ich dachte an Presseleute«, erklärte er.

»Nein. Da ist nichts nach draußen durchgesickert. Dafür haben wir schon gesorgt.«

»Gut.« Rottmann wußte, im Augenblick würde er hier nichts erfahren. »Ich habe jetzt alles gesehen und werde mit meinen Gästen einen Termin absprechen. Wenn es ihnen recht ist, rufe ich Sie in den nächsten Tagen wieder an.«

Nachdem Rottmann seine Zeche bezahlt hatte, verließ er die Gaststube und schlenderte über die Terrasse hinüber zum Parkplatz des Schützenhofs. Es standen nur wenige Fahrzeuge auf dem Platz.

Rottmann dachte daran, daß der Kämmerer hier auf dem Nikolausberg zum letzen Mal gesehen worden war.

Während er so vor sich hin sinnierte, bewegte er sich in Richtung freies Feld. Öchsle blieb in seiner Nähe und schnüffelte mit tiefer Nase eifrig die verschiedenen Gerüche, die sich so sehr von den gewohnten Düften der Stadt unterschieden.

Plötzlich hob der Rüde die Schnauze und nahm eine Witterung auf. Wenig später trabte er ein Stück voraus, dann beschäftigte er sich wieder intensiv mit dem Boden. Rottmann, gewohnt, auf das Verhalten seines Hundes zu achten, kam langsam näher.

»Na, was hast Du denn da gefunden?« Er betrachtete neugierig den Boden. Plötzlich faßte er Öchsle am Halsband und zog ihn zurück. »Paß auf! Hier liegt alles voller Scherben. Nicht, daß Du Dir die Pfoten aufschneidest!«

Man konnte sehen, daß der Rüde von der Einmischung seines Herrn nicht gerade begeistert war. Als Rottmann ihn losließ, schnupperte er immer wieder hinüber zu der Fundstelle.

»Du bleibst hier«, ordnete der alte Kriminalkommissar an, »ich sehe mich um. Mit Schuhen an den Füßen ist das längst nicht so gefährlich.«

Er ging zu der Stelle, die Öchsle so fasziniert hatte, und bückte sich. Auf dem Schotterweg haftete eine angetrocknete Flüssigkeit. Rottmann fuhr mit dem Finger über den Boden. Die Fingerkuppe färbte sich rot. Prüfend hielt er sich den Finger vor die Nase.

»Eindeutig Wein«, stellte er sachkundig fest.

Er betrachtete die herumliegenden Scherben. Das Glas war dunkelbraun, wie bei Rotweinflaschen oft üblich. Der einzeln liegende Flaschenhals wirkte wie ein gezackter Dolch. Dort, wo sich das Etikett befand, hingen die Bruchteile fast vollständig zusammen. Einen *Retzstadter Spätburgunder*, erkannte Rottmann.

»Ein schönes Tröpfchen«, murmelte Rottmann, während er mit einem herumliegenden Ästchen die Scherben ein wenig ordnete, so daß er die Schrift besser lesen konnte. »Wie kann man nur so ein feines Weinchen auf den Boden fallen lassen.« Erbost schüttelte er den Kopf.

Öchsle hatte mittlerweile seine Erkundungen etwas weiter ausgedehnt. Eifrig schnüffelte er auf dem Weg herum.

Rottmann richtete sich wieder auf und folgte ihm. Sein kriminalistischer Instinkt lenkte seine Schritte. Öchsle war mit einem weiteren roten Fleck beschäftigt.

»Komm, mein Hundchen, ich bin ja auch der Meinung, daß dies eine Verschwendung ist, aber da kann man nichts machen. Manche Menschen haben einfach keine Achtung vor einem edlen Tropfen.«

Er musterte den anderen Fleck genauer. Plötzlich stutzte er. Irgend etwas an der Stelle war anders. Er schob den Rüden vorsichtig zur Seite. Wieder fuhr er mit dem Finger über die angetrocknete Substanz. Sie ließ sich nicht so leicht abwischen, wie der Wein. Als er sie berührte, bröckelten kleine Fragmente ab.

Erich Rottmann richtete sich auf, steckte seine Hände in die Lodenjacke und starrte nachdenklich auf den Boden. Ohne Mühe konnte man die Flecken verfolgen, die wie eine Tropfspur zu einer naheliegenden Wiese führten. Der Ex-Kommissar runzelte die Stirn. Es gab für ihn keinen Zweifel, das war angetrocknetes Blut!

Rottmann fuhr sich durch das kurzgeschnittene Haar. Es war höchst wahrscheinlich, daß diese Spuren eine völlig harmlose Erklärung hatten. Trotzdem war es schon sehr merkwürdig, ausgerechnet hier, wo man den vermißten Stadtkämmerer das letzte Mal gesehen hatte, eine Blutspur zu finden. Rottmann tastete seine Taschen ab. Er hatte kein geeignetes Behältnis dabei.

Nach kurzer Überlegung zog er eine Packung Papiertaschentücher heraus. Vorsichtig kratzte er mit seinem Taschenmesser Bruchstücke der verhärteten roten Substanz auf ein aufgefaltetes Taschentuch. Auf ein anderes brachte er eine Probe von dem vermeintlichen Rotwein auf. Die Flaschenscherben stellte er auf die gleiche Weise sicher. Dabei bemühte er sich, das Glas nicht zu berühren, um keine eventuell vorhandenen Spuren zu vernichten. Er hatte das Gefühl, daß er diese Fundstücke noch brauchen konnte.

Als er die möglichen Beweise in seiner Lodenjacke verstaut hatte, folgte er der Spur gespannt weiter. Mit einem Brummen kommentierte er die Tatsache, daß die Tropfspur in eine Wiese hineinführte. Nachdem er ein Stück in das Grasland eingedrungen war, kam er zu einer Stelle, wo der Bewuchs flächig niedergedrückt war.

Rottmann betrachtete die Stelle genau. Obwohl sich die Pflanzen schon wieder etwas aufgerichtet hatten, konnte man sich mit etwas Phantasie vorstellen, daß hier ein menschlicher Körper gelegen hatte. Es war auch eine großflächige Lache der eingetrockneten Flüssigkeit zu erkennen.

Erich Rottmann mahnte sich zur Zurückhaltung. Er durfte sich nichts einreden. Das alles konnte völlig harmlos sein. So, als wenn jemand nach reichlich genossenem Bremser seine Orientierung nicht mehr im Griff hatte und mit dem Kopf hart auf den Boden aufgeschlagen war? Dabei konnte ein Bocksbeutel, den er in der Hand trug, am Boden zerschellt sein. Danach hatte er sich vom Weg in die Wiese geschleppt und niedergelegt. Daher rührte das Blut im Gras.

Erich Rottmann schüttelte den Kopf. Diese Theorie schien ihm dann doch sehr abenteuerlich.

Er verließ die Wiese und marschierte nachdenklich mit Öchsle im Schlepptau in Richtung Stadt. Sollte er die Kollegen von der Polizei verständigen? Aber was sollte er ihnen sagen? Er überlegte. Vielleicht gab es dort bereits eine Anzeige? Rottmann nahm sich vor, mit seinem ehemaligen Kollegen Deichler Kontakt aufzunehmen. Als Mitarbeiter der Mordkommission konnte der ihm am ehesten sagen, ob es Ermittlungen gab, die mit diesen Spuren am Schützenhof zu tun haben konnten. Er würde jedenfalls die sichergestellten Spuren zunächst einmal verwahren. Vielleicht waren sie noch einmal wichtig.

Der *Terrier* witterte eine Spur.

Als Erich Rottmann zwei Stunden später das Büro in der Mordkommission der Polizeidirektion Würzburg betrat, saß Kriminalhauptmeister Florian Deichler hinter seinem Schreibtisch und war in eine dicke Fotomappe vertieft.

»Ach, der Erich«, begrüßte der Kriminalbeamte seinen ehemaligen Chef und schob die Mappe ein Stück von sich. »Schön, daß Du Dich auch wieder einmal blicken läßt.«

Erich Rottmann ließ sich auf einem freien Bürostuhl gegenüber nieder und zog seine Pfeife aus der Jackentasche. Öchsle verschwand unter einem der Schreibtische und rollte sich zusammen. Er wußte aus Erfahrung, daß Besprechungen in diesem Raum Zeit für ein kleines Nickerchen ließen.

»Ein neuer Fall?«, zeigte sich Rottmann interessiert, während er seine Pfeife in Brand setzte und erste Rauchwolken ausstieß.

»Eine unappetitliche Sache«, gab Deichler zurück. »Ein Totschlag im Nuttenmilieu. Das Opfer sieht aus, als wäre es durch einen Fleischwolf gedreht worden. Sei bloß froh, daß Du Dir nicht mehr solche Bilder ansehen mußt.«

Rottmann nickte verstehend.

»Ist *er* da?« Der frühere Leiter der Mordkommission wies mit dem Pfeifenstiel in Richtung einer Verbindungstür, die zu seinem ehemaligen Dienstzimmer führte. Mit »Er« meinte er den Ersten Kriminalhauptkommissar Sebastian Krämer, seinen Nachfolger im Amt des Leiters der Mordkommission der Polizeidirektion Würzburg. Ein karriereorientierter Ellenbogenmensch, den Rottmann, gelinde gesagt, nicht leiden konnte. Krämer seinerseits hielt seinen Amtsvorgänger für ein kriminalpolizeiliches Fossil, das man schon viel früher in den Ruhestand hätte schicken müssen. Krämers Verhalten als Vorgesetzter seinen Mitarbeitern gegenüber war dementsprechend. Wodurch die Loyalität seiner Mitarbeiter auf das dienstlich Notwendige beschränkt blieb.

»Er ist mit dem Polizeidirektor bei einer Dienstbesprechung bei der Staatsanwaltschaft. Das kann noch dauern.«

Rottmann lehnte sich entspannt zurück. Nicht daß er vor seinem Nachfolger sonderlichen Respekt hatte, aber er hatte keine Lust, diesem Menschen erklären zu müssen, warum er Deichler besuchte.

Der Kriminalbeamte sah seinen ehemaligen Chef mit schiefgelegten Kopf an. »Erich, Dich treibt doch bestimmt nicht nur die Langeweile zu mir?«

Rottmann grinste und sah seinen ehemaligen Kollegen treuherzig an. »Sieh es doch einfach so, ich hatte wieder einmal Sehnsucht danach, Aktenstaub zu schnuppern.«

»Ja, ja – und ich bin der Weihnachtsmann. Also, rück schon raus, was hast Du auf dem Herzen?«

»Mich würde nur interessieren, ob ihr einen Fall habt, der sich im Bereich des *Schützenhofes* ereignet hat. Könnte auch nur eine Körperverletzung sein.«

Deichler überlegte einen Augenblick, dann schüttelte er entschieden den Kopf. »Wie Du weißt, bearbeiten wir hier nur Kapitalverbrechen, aber wir tauschen uns ja auch unter den Abteilungen aus. Im Bereich der Direktion ist mir nichts dergleichen zu Ohren gekommen. – Warum? Hast Du irgendwelche Anhaltspunkte für eine derartige Straftat?«

Rottmann nahm einige tiefe Züge aus seiner Pfeife. Deichler sah, daß sein Ex-Chef nachdachte. Der Beamte wußte, daß es keinen Sinn hatte, ihn zu bedrängen. Abwartend stützte er sich auf seine Ellenbogen.

Schließlich griff Rottmann in seine Jackentasche, holte eine Plastiktüte heraus und legte sie Deichler auf den Schreibtisch.

»Ich war gestern oben auf dem *Schützenhof.* Dabei habe ich durch Zufall diese Spuren in der Nähe gefunden.«

Mit einigen Sätzen erläuterte er dem Kriminalbeamten die Umstände, unter denen er die Funde gemacht hatte, ohne natürlich auf den Grund einzugehen, der ihn veranlaßt hatte, den *Schützenhof* zu besuchen.

Vorsichtig öffnete Deichler die Plastiktüte und sah hinein. Rottmann hatte die Spuren und Fundstücke zu Hause einzeln in kleine Plastiktüten verpackt.

Deichler hob einige der Tüten heraus und betrachtete die Glasscherben und die vermeintlichen Blutspuren.

»Hast Du schon einmal darüber nachgedacht, daß diese Spuren, wie Du dieses Zeug hier nennst, eine völlig harmlose Erklärung haben könnten? Sicher ist es nicht ungewöhnlich, wenn im Umfeld einer Wirtschaft mal ein Bocksbeutel zu Bruch geht und die Scherben liegenbleiben.«

»Sicher«, erwiderte Erich Rottmann etwas spitz, »schließlich bin ich nicht verblödet, nur weil ich mich im Ruhestand befinde. Aber ich bin fest davon überzeugt, bei einem Teil der roten Substanz handelt sich um Blut.«

Deichler lehnte sich zurück. »Kann durchaus sein. Ist nur die Frage, ob es sich um menschliches Blut handelt.«

Als Rottmann etwas erwidern wollte, hob Deichler die Hand. »Warte. Kürzlich rief bei uns ein total aufgeregter Bürger an, weil er in der Nähe der *Frankenwarte* auf eine Blutlache gestoßen war. Wir sind auch rauf und haben das Blut untersuchen lassen. In der Rechtsmedizin haben sie festgestellt, daß es sich um Schweineblut handelte. Wir haben trotzdem ermittelt und sehr schnell herausgefunden, daß ein Jäger an dieser Stelle ein Wildschwein geschossen hatte. Im Bereich der *Frankenwarte* und des *Schützenhofs* gibt es bekanntermaßen enorm viele Wildschweine. Könnte das nicht auch eine Erklärung für Deinen Blutfund sein?«

»Das mag ja alles sein. Trotzdem habe ich ein ungutes Gefühl. Wie Du weißt, konnte ich mich auf meinen Instinkt immer verlassen. Ich schlage vor, Du läßt die Spuren untersuchen. Solltest Du Recht haben, gebe ich Dir einen aus!«

Deichler lachte. »Also gut, Du hast mich überredet. Das wird aber nicht billig!«

Rottmann erhob sich. »Kein Problem! Sollte ich aber richtig gelegen haben, darfst Du in Deinen Geldbeutel greifen.«

Er gab seinem ehemaligen Mitarbeiter die Hand und verließ mit Öchsle im Kielwasser das Büro.

Norbert Klingler, der persönliche Referent der Oberbürgermeisterin, ging schon nach dem zweiten Läuten ans Telefon.

»Hier Rottmann«, meldete sich der pensionierte Polizist knapp. »Gibt es irgendwelche Neuigkeiten?«

»Ich bin gerade in einer Besprechung«, gab Klingler mit verhaltener Stimme zurück. »Kann ich Sie in einer Viertelstunde zurückrufen?«

»Ja. Aber bitte auf dem Handy. Ich bin unterwegs.« Rottmann steckte sein Mobiltelefon in die Jackentasche zurück. Es war schon erstaunlich, wie schnell sein Körper wieder eine Energiezufuhr forderte. Das Stück Zwiebelkuchen hatte sich mittlerweile schon wieder in Luft aufgelöst. Im wahrsten Sinne des Wortes!

Erich Rottmann schlenderte die Domstraße hinauf. Dabei überlegte er, ob er in der *Nordsee* einen Fischteller essen sollte oder sich doch besser bei seinem Türken um die Ecke eine Stärkung gönnen sollte.

Auf Höhe der Buchhandlung *Thalia* hatte er eine Entscheidung getroffen. Wenig später betrat er das *Kapadokya* in der Plattnergasse. Ein Döner »mit allem« würde jetzt eher seine Bedürfnisse stillen als ein Fischburger.

Während der freundliche Inhaber den Döner zubereitete, ließ sich Erich Rottmann an einem der runden Tischchen nieder. Von hier aus konnte man die Menschen geschäftig am Schaufenster vorbeieilen sehen. Der Ex-Kriminalbeamte war mit seinen Gedanken allerdings ganz woanders.

Er hatte gerade kräftig in seinen Döner gebissen, als sein Handy klingelte. Schnell wischte er sich die Finger an der Serviette ab, dann zog er das Mobiltelefon aus der Tasche.

»Ja.«

»Hier Klingler. Sie müssen entschuldigen, aber vorhin konnte ich nicht sprechen.«

»Kein Problem. – Gibt es Neuigkeiten? Haben Sie etwas über den Aufenthalt der … Person erfahren?«

»Letzteres nicht«, gab der Referent kurz zurück. »Allerdings verdichten sich die Hinweise, daß es in bestimmten Bereichen des Hauses nicht unerhebliche … Unstimmigkeiten gibt.«

Auch Klingler drückte sich nur verschlüsselt aus.

»Finanzielle Unstimmigkeiten?«, fragte Rottmann zurück.

»Allerdings! Leider. – Haben Sie schon etwas herausgefunden?«

»Nichts Konkretes«, gab Rottmann zurück.

»Wir wollen den Bürgermeisterschoppen am Samstag noch abwarten«, erklärte Klingler. »Wenn es bis dahin keine Aufklärung bezüglich des Aufenthalts … unseres Bekannten … gibt, müssen wir andere Maßnahmen ergreifen. Wir sollten uns allerdings noch einmal treffen, bevor wir offensiver werden.«

»Einverstanden.« Das Gespräch war zu Ende. Rottmann steckte das Handy wieder ein und schnappte sich seinen Döner.

Schon am Freitag bereitete sich die Stadt auf die Ereignisse der nächsten beiden Tage vor. Der *Untere Markt* wurde für den Publikumsverkehr völlig gesperrt. Arbeiter der städtischen Reinigungsbetriebe und des Gartenamtes bauten Hütten auf, die mit herbstlichem Weinlaub geschmückt wurden. Am Obelisken wurden massive Holzlager errichtet, die die großen Weinfässer des Bürgermeisterschoppens tragen sollten. Die größte Benefizveranstaltung, die in Würzburg zugunsten der Stadtkasse je stattgefunden hatte, warf ihre Schatten voraus.

In der Presse wurde kolportiert, daß die Oberbürgermeisterin Dr. Schneider, den vor kurzem neu eingestellten

Geschäftsführer des Staatlichen Hofkellers, überredet hatte, ordentlich hinzulangen. Für den Anlaß hatte er dann auch ein rund 2000 Liter fassendes, historisches Holzweinfaß im Keller bereitstellen lassen, das am frühen Samstagmorgen mit einem fahrbaren Kran von einem Lkw auf seinen Platz am Obelisken gehoben werden sollte.

Bürgerspital und Juliusspital hatten ebenfalls kräftig in die Spendierhosen gelangt und ließen jeweils ein 1000-Liter-Faß anliefern.

Alle drei Fässer waren bis dahin selbstverständlich leer. Nach ihrem Aufbau sollten sie kurz vor Beginn der Veranstaltung um 11 Uhr von Tankwagen über eine Pipeline mit dem gespendeten Wein befüllt werden. Die Sorten, die in die Fässer strömen sollten, waren ein wohlgehütetes Geheimnis, um den Bürgern den Anreiz, zum Fest zu kommen und dem Rebensaft ordentlich zuzusprechen, nicht zu schmälern. Allerdings, soviel war durchgesickert, sollte für jeden Gaumen ein geeignetes Tröpfchen dabei sein. Für die kulinarischen Genüsse hatten sich die großen Metzgereien und Bäcker der Stadt zusammengetan und ebenfalls kräftig gespendet.

Der Stammtisch *Die Schoppenfetzer* hatte selbstverständlich die bestehenden guten Beziehungen zum Veranstalter genutzt, um sich einen guten Tisch in der Nähe der Quelle, sprich: den Weinfässern, reservieren zu lassen.

Früh um halb zehn trafen sich die Stammtischbrüder am *Oberen Markt* vor dem *Falkenhaus.*

»Ich hoffe nur, Sie bieten uns nicht irgendeinen überständigen Schoppen an, der kurz vor dem Kippen steht«, äußerte Dr. Ritter besorgt. Mißtrauisch beäugte er den Tankwagen, der zwischen den Marktbuden zu erkennen war. Eines der Fässer wurde gerade noch befüllt.

»Da wird unsere Dr. Rialena schon den Daumen drauf gehabt haben«, beruhigte Erich Rottmann den Stammtischbruder. »Du wirst doch nicht glauben, daß sich die Weingüter bei einer solchen riesigen Werbeaktion lumpen lassen. Diese Aktion der Stadt kommt sogar in den Abendnachrichten der ARD, habe ich mir sagen lassen.« Er wunderte sich, daß ihn keiner fragte, woher er dieses Wissen hatte.

»Wahrscheinlich hat der ganze Stadtrat den Wein erst verköstigt. Die lassen sich doch keine Gelegenheit entgehen, irgendwo umsonst zu bechern!«, zischelte Ron Steiner spöttisch. »So schnell, wie die in solchen Fällen eine ›große Koalition‹ zusammenbekommen …«

»Erzähl mir nicht, daß Du in derselben Situation den großen Asketen spielen würdest.« Marschmann gab ihm einen kumpelhaften Stoß mit dem Ellenbogen und zwinkerte vielsagend in die Runde.

»Hätte doch wohl keiner«, gab Erich Rottmann selbstkritisch zu.

»Meine Herren, ich denke, wir nehmen jetzt mal langsam unsere Plätze ein«, schlug Dr. Ritter vor.

Ron Steiner warf einen Blick auf seine Armbanduhr, dann meinte er: »Ist Euch eigentlich klar, daß wir noch eine ganze Stunde lang dort keinen Tropfen bekommen? Ich schlage vor, die Wartezeit im *Café Michel* zu verkürzen. Wir haben doch beim Bürgermeisterschoppen reserviert. Keiner nimmt uns die Plätze weg. Ich jedenfalls benötige dringend eine Stärkung.«

Die *Schoppenfetzer* waren der typische Beweis dafür, daß der Frankenwein die Menschen dieser gesegneten Region auch im Seniorenalter flexibel und innovativ erhielt. Der Vorschlag wurde sofort einstimmig angenommen. Kurze Zeit später strömten die Stammtischbrüder ins Café und nahmen Plätze im oberen Stockwerk ein. Von dort hatten sie einen hervorragenden Überblick über den Marktplatz und konnten sehen, wann es Zeit war, die Örtlichkeit wieder zu wechseln.

Bei dieser Gelegenheit nahmen die Herren mit Wohlwollen zur Kenntnis, daß man hier zum Kaffee eine ausgezeichnete Schwarzwälder Kirschtorte bekam. Ein ausgezeichnetes Produkt Würzburger Konditorenkunst, nach dessen Genuß man eine hervorragende Grundlage für das kommende Fest hatte.

Kurz vor Beginn der Veranstaltung machten sich die *Schoppenfetzer* auf den Weg, um ihre reservierten Plätze einzunehmen. Mittlerweile war der Marktplatz mit Menschen überfüllt. Man konnte ohne Übertreibung von einem Menschenstrom sprechen, der sich in Richtung des Obelisken bewegte.

»Man meint, es gäbe heute etwas umsonst«, wunderte sich Ron Steiner. »Vielleicht haben die Leute gar nicht kapiert, daß sie für ihre Schoppen ordentlich zahlen müssen.«

»Es könnte aber auch sein, daß sie etwas zur Reduzierung der Schulden beitragen wollen«, erwiderte Erich Rottmann, der sich etwas Sorgen um Öchsles Pfoten machte. Bei dem Trubel war der Rüde ziemlich gefährdet.

Als sie ihre Plätze in der ersten Hütte direkt neben den riesigen Fässern erreichten, waren die übrigen Sitzplätze auf dem *Unteren Markt* bereits fast vollständig besetzt. Über dem gesamten Platz hing eine Glocke aus Stimmen, Gelächter und guter Laune.

Vor den Weinfässern war ein kleines Podium mit einem Mikrofon aufgebaut. In der Weinhütte gegenüber, die für die Prominenz reserviert war, konnten die *Schoppenfetzer* fast alle bekannten Köpfe aus Politik, Kirche, Behörden, Sport und Wirtschaft erkennen.

»Der reinste Almauftrieb«, murmelte Marschmann. »Ich hoffe nur, daß die Herrschaften da drüben auch ihre Schoppen bezahlen.«

»Was denkst Du denn?«, erwiderte Ron Steiner in seiner gewohnt sarkastischen Art, »hier dabei zu sein, ist doch die beste Form von *Public Relations.*«

Erich Rottmann gab seinem Nebenmann einen Stoß. »Jetzt seid mal ruhig. Unsere Frau Oberbürgermeisterin betritt die Bühne.«

Tatsächlich hatte sich Dr. Beckstein-Mannfeld erhoben und war vor das Mikrofon getreten. Da sie trotz ihrer erhöhten Position nicht von allen Bürgern gesehen werden konnte, trat erst Stille ein, als sie mit dem Finger gegen das Mikrofon klopfte. Das Geräusch wurde durch die Lautsprecher über den ganzen Platz getragen. Langsam trat Ruhe ein. Zwei Kameramänner brachten sich in Stellung und führten ihre Sucher an die Augen.

»Liebe Mitbürgerinnen, liebe Mitbürger, liebe Gäste dieser Stadt aus nah und fern, liebe Freunde des Frankenweines, geschätzte Spenderinnen und Spender, als Oberbürgermeisterin dieses mainfränkischen Kleinods darf ich sie alle an diesem wunderbaren Herbsttag zum Bürgermeisterschoppen herzlich begrüßen und freue mich von Herzen, daß sie alle so zahlreich gekommen sind, um unsere Stadt zu unterstützen.«

Sie machte eine kleine Pause, um das Echo ihrer Worte, die von den Wänden der Marienkapelle zurückgeworfen wurden, verklingen zu lassen. Ehe sie jedoch fortfahren konnte, drang in die Stille das nervige Geräusch eines läutenden Mobiltelefons. Es war nicht sonderlich laut, eher gedämpft, aber deutlich vernehmbar. Etwas irritiert sah sich die Oberbürgermeisterin um.

»Haltet mich bitte nicht für verrückt«, erklärte Erich Rottmann halblaut, »aber das Läuten kommt aus dem Faß hinter unserer OB!«

»Das glaubst Du doch selbst nicht«, flüsterte Marschmann zurück.

»Ein Weinfaß als Handy«, spöttelte Ron Steiner. »Es ist schon erstaunlich, was die Entwicklung der Technik für Blüten treibt.«

»Wenn ich mich täusche, trinke ich die nächsten vier Wochen keinen Schluck Wein mehr.« Eine Aussage, die bekräftigte, wie sehr Erich Rottmann von seiner Einschätzung überzeugt war.

In diesem Augenblick verstummte das Läuten und die Oberbürgermeisterin fuhr mit ihrer Rede fort.

Das Läuten hatten offensichtlich nur die Gäste in den beiden nächstgelegenen Weinhütten gehört. In der einen saßen die *Schoppenfetzer*, in der anderen die Prominenz. Dabei waren auch die Vertreter des Staatlichen Hofkellers, aus dessen Beständen das läutende Weinfaß stammte. Unter diesen entstand eine gewisse Unruhe. Rottmann konnte sehen, daß ein Mann mit einem Mobiltelefon in der Hand hastig, aber möglichst diskret den Platz verließ. Noch während die Oberbürgermeisterin sprach, wurde ihr von einem Mitarbeiter ein Zettel zugereicht. Sie warf kurz einen Blick darauf, dann erklärte sie, sichtlich um gute Miene bemüht: »Wie mir soeben mitgeteilt wird, beschränkt sich der Ausschank des Bürgermeisterschoppens wegen unvorhergesehener technischer Probleme vorerst leider nur auf die beiden äußeren Fässer. Sie müssen im Augenblick also auf den ganz ausgezeichneten Schwarzriesling verzichten. Aber ich bin sicher, alle Beteiligten werden ihr Bestes geben, um das Problem schnellstens zu beheben. Der Silvaner und der Bacchus in den beiden äußeren Fässern werden Ihnen so lange über die Wartezeit hinweghelfen. Ich wünsche uns allen ein stimmungsvolles, fröhliches Fest – und der Stadtkasse reichliche Einnahmen.« Sie hob ein Weinglas, das man ihr zureichte und prostete der Menge zu. Tosender Beifall begleitete ihre Schlußworte.

Erich Rottmann starrte das Faß mit dem Schwarzriesling an, als könne er es mit seinem Blick röntgen. Sein Instinkt sagte ihm, daß dieses Faß eine böse Überraschung verbarg.

Der Geschäftsführer des Staatlichen Hofkellers beorderte seinen Kellermeister zu einer Besprechung ans Falkenhaus. Dabei war er sehr bemüht, die anwesenden Medien nicht auf das Problem aufmerksam zu machen. Ihm war klar, aus einem Faß, in dem sich offenbar ein Mobiltelefon befand, konnte man keinen Wein ausschenken. Es war extrem peinlich, daß irgendein Schlamper in dem Holzfaß ein Handy verloren hatte. Was für ihn aber völlig unverständlich war, war die Tatsache, wie ein Mobiltelefon in einem mit 2000 Litern Rotwein gefüllten Faß noch funktionieren konnte!

Auf Anordnung des Geschäftsführers hin wurde sofort ein Tankwagen mit *Schwarzriesling* zum Marktplatz beordert. Hier stand schließlich das Ansehen des Hofkellers auf dem Spiel! Man würde wohl oder übel den Bürgermeisterwein über eine provisorische Schlauchleitung ausschenken müssen. Über den Verlust von 2000 Liter ausgezeichneten Qualitätsweins mochte er im Augenblick gar nicht nachdenken. In erster Linie galt es, den Imageverlust in Grenzen zu halten. Er hoffte nur, daß die Fernsehkameras, die dicht bei der Oberbürgermeisterin gestanden hatten, das Klingelgeräusch nicht mit dem Weinfaß in Verbindung brachten. Die spöttischen Kommentare in diversen Nachrichtensendungen mochte er sich gar nicht ausmalen.

Natürlich hatten die Vertreter der beiden beteiligten Konkurrenzunternehmen das Mißgeschick registriert. Selbstverständlich ließ sich keiner der anwesenden Vertreter dieser Weingüter seine Schadenfreude anmerken, doch gerade diese Zurückhaltung traf ihn ganz besonders. Seinen Einstand in seiner neuen Position hatte er sich wahrlich anders vorgestellt.

Erich Rottmann verließ kurz nach der Rede der Oberbürgermeisterin seinen Platz und drängte sich durch die Menge der Bedienungen, die sich um den Weinausschank scharten. Mit vollen Tabletts schwärmten sie aus, um die durstigen und spendierfreudigen Bürger zufriedenzustellen.

Am Rande der Prominentenhütte blieb er stehen und hielt nach Klingler Ausschau. Der Referent saß in der Nähe seiner Chefin und unterhielt sich mit Bischof Friedhelm, der selbstverständlich ebenfalls gekommen war.

Es dauerte einige Zeit, ehe Rottmann zu Klingler Augenkontakt herstellen konnte. Als der Mann zufällig einmal in seine Richtung sah, gab er ihm ein unauffälliges Zeichen. Klingler nahm es wahr. Er flüsterte der Oberbürgermeisterin einige Worte zu, dann kam er zu Rottmann herüber.

»Was gibt's? Wir müssen vorsichtig sein, wenn wir uns hier in aller Öffentlichkeit unterhalten.«

»Ist mir klar. Trotzdem brauche ich von Ihnen die Mobiltelefonnummer von Dr. Naumann!«

Klingler sah Rottmann betroffen an. »Sie meinen …«

»Ich meine gar nichts. Ich weiß auch nichts. Es ist nur der Instinkt eines alten Hasen, der schon Pferde vor der Apotheke kotzen gesehen hat. Los, machen Sie schon! Je länger wir hier quatschen, desto größer ist die Gefahr, von einem der lokalen Fernsehfuzzis zusammen gesehen zu werden. Ich schlage vor, Sie verziehen sich hinter die Marienkapelle und schicken mir eine SMS, dann müssen wir hier nicht so auffällig herumtun.« Rottmann wartete nicht auf Klinglers Reaktion. Er tippte grüßend an die Stirn, dann setzte er sich wieder auf seinen Platz. Der Klingelton seines Handy war ausgeschaltet.

Es dauerte fast zwanzig Minuten, dann begann das Mobiltelefon in seiner Tasche einmalig zu vibrieren: das Zeichen für eine eingegangene Nachricht.

Als er sich einige Zeit später wieder erhob, um die SMS zu lesen, stichelte Marschmann: »Na, Erich, heute hast Du aber Wespen im Hintern.«

»Ich weiß auch nicht, aber ich habe schon wieder Hunger«, gab Rottmann zurück. »Ich denke, ich werde mir mal was zu Futtern besorgen.«

Ein Grund, der von allen *Schoppenfetzern* verstanden wurde.

Erich Rottmann verließ die Weinhütte und begab sich hinter die Weinfässer. Auf der Stufe vor dem Obelisken blieb er stehen. Hier befand er sich direkt hinter dem großen Weinfaß des Hofkellers. Er lehnte sich mit dem Rücken dagegen, wodurch er die Möglichkeit hatte, sein Ohr unauffällig gegen das Holz drücken zu können.

Öchsle beobachtete seinen Herrn aufmerksam.

Rottmann holte sein Handy aus der Tasche und las die Nachricht. Sie bestand nur aus einer Telefonnummer, die der pensionierte Polizist nun direkt in die Tastatur seines Mobiltelefons eintippte. Als er fertig war, zögerte er einen Augenblick, dann preßte er entschlossen die Ruftaste. Statt das Telefon ans Ohr zu nehmen, drückte er anschließend seinen Kopf gegen den Faßkörper. Es dauerte nur einige Sekunden, dann hörte er das Läuten. Mit einer schnellen Bewegung unterbrach er die Verbindung. Er war sich sicher, daß bei dem nun herrschenden Lärm niemand außer ihm das neuerliche Geräusch aus dem Faß gehört hatte.

Erich Rottmann stieß sich von dem Holzboden ab. Sein vager Verdacht, der bisher eigentlich mehr ein undefinierbares Gefühl gewesen war, war nun Gewißheit: In dem vollen Weinfaß befand sich das Mobiltelefon von Dr. Naumann, dem Stadtkämmerer der Stadt Würzburg! Blieb nur die Frage, wie es da hineingekommen war und wie es noch funktionieren konnte, umgeben von 2000 Litern Rotwein?

Langsam schlenderte Erich Rottmann zu seinem Platz zurück. Seine Gedanken waren überall, nur nicht mehr beim Bürgermeisterschoppen. Die Fragen seiner Stammtischbrüder beantwortete er nur brummig. Auch während der nächsten Stunden war der Ex-Kommissar auffällig wortkarg. Seine Gedanken beschäftigten sich mit der Frage, was er nun unternehmen sollte. Als der Lärmpegel auf dem Marktplatz immer stärker anstieg, entschloß er sich zu gehen. Seine Stammtischbrüder waren sehr überrascht, als er sich bereits am frühen Nachmittag von ihnen verabschiedete. Seine Begründung, Öchsle müsse mal für kleine Rüden, erschien ihnen etwas dürftig. Allerdings waren alle viel zu weinselig, um groß darüber nachzudenken.

Einen Augenblick erwog Rottmann, sich nochmals mit Klingler in Verbindung zu setzen. Als er sich jedoch mit einem Blick zur Prominentenhütte davon überzeugt hatte, daß der Referent inmitten einer Menschenmenge sehr beschäftigt war, verließen der Ex-Kriminalbeamte und Öchsle den Marktplatz.

Nachdenklich schlenderte Erich Rottmann mit seinem vierbeinigen Begleiter durch die Langgasse in Richtung Alte Mainbrücke. Kurze Zeit später konnte man das Gespann am Main entlang spazierengehen sehen. Öchsle nutzte die Chance, um sich intensiver mit diversen Büschen und Baumstämmen zu beschäftigen.

Auf Höhe der *Mainkuh* setzte sich Rottmann auf eine Bank. Er hatte eine schwere Entscheidung zu treffen. Einerseits hatte er der Oberbürgermeisterin versprochen, diskret zu ermitteln. Auf der anderen Seite hatte er den Verdacht, daß mit dem Weinfaß etwas nicht mit rechten Dingen zuging. Rottmann wurde das Gefühl nicht los, daß hier eine gravierende strafbare Handlung im Raum stand. In diesem Fall sollte er wohl besser die Kollegen verständigen.

Schließlich faßte er einen Entschluß. Er würde Klingler bitten, dafür zu sorgen, daß das Faß noch heute nach Ende des Festes auf dem Marktplatz leergepumpt wurde.

Es war kurz nach 23 Uhr, als Erich Rottmann den Marktplatz wieder betrat. Er hatte den restlichen Nachmittag schlafend auf der Couch verbracht, um jetzt fit zu sein. Zweifellos würde es heute eine lange Nacht werden. Öchsle, der von seinem Herrn eine gewisse Ordnung gewöhnt war, schaute etwas verdrießlich drein.

Der Platz war fast menschenleer. An einigen Tischen saßen noch ein einige Wenige, die sich an ihrem Schoppen festhielten. Ordner waren gerade dabei, sie höflich, aber bestimmt zum Verlassen aufzufordern.

Der Platz vor dem Obelisken, an dem noch immer die drei Fässer standen, war inzwischen von Mitarbeitern des Staatlichen Hofkellers mit Trassierbändern abgesperrt worden. In der Prominentenweinhütte waren nur noch wenige Personen anwesend. Darunter waren Klingler, der Referent der Oberbürgermeisterin, Schneider, der Geschäftsführer des Staatlichen Hofkellers, zwei seiner Mitarbeiter und Alex Westemeer, der Weinbaupräsident. Letzterer hatte es sich nicht nehmen lassen, bei der Klärung der merkwürdigen Umstände dabei zu sein.

Der Grund für das Ausharren einiger der Persönlichkeiten im Schatten der Fässer hatte allerdings unterschiedliche Gründe. Klingler war hier geblieben, weil er sich einen Hinweis auf den Aufenthalt des vermißten Stadtkämmerers erhoffte. Der Geschäftsführer des Hofkellers bangte um das Renommee seines Hauses. Und der Weinbaupräsident verkündete lautstark, er habe an dieser Stelle auszuharren, weil er als Spitzenfunktionär unterfränkischer Weinbauern darauf zu achten habe, daß das Image des mainfränkischen Weines nicht durch ein Handy angekratzt würde. Möglicherweise bestand der eigentliche Grund auch darin, daß er ziemlich angetrunken schien. Die technisch einwandfreie Fortbewegung auf eigenen Füßen wäre wohl nicht ganz unkompliziert gewesen. Deshalb hatte ihm der Geschäftsführer des Staatlichen Hofkellers versprochen, ihn nach Hause fahren zu lassen.

Als Klingler Rottmann über den Platz laufen sah, löste er sich von der Gruppe und näherte sich dem Ex-Kommissar.

»Gut, daß Sie kommen!« Er wirkte recht angespannt.

»Wie geht es hier jetzt weiter?«, wollte Rottmann wissen. »Wird das Faß leergepumpt?«

»Das ist schon veranlaßt. Es muß jeden Augenblick vom Hofkeller ein leerer Tankwagen kommen, der den Inhalt des Fasses wieder absaugt. Erst dann können wir hineinsehen.«

»Ich würde dafür sorgen, daß keine Zuschauer anwesend sind«, riet Rottmann.

Klingler sah ihn ernst an. »Sie erwarten Schlimmes?«

Erich Rottmann zuckte nur vielsagend mit den Schultern.

In diesem Augenblick hörte man vom *Oberen Markt* das dröhnende Geräusch eines starken Motors. Wenig später schob sich ein Tankwagen zwischen *Marienkapelle* und dem äußersten Marktstand hindurch.

Geschäftsführer Schneider gab dem Fahrer einige Anweisungen, dann begann dieser eine Schlauchleitung zum Faß zu verlegen, die man sowohl zum Befüllen, als auch zum Absaugen eines Behältnisses verwenden konnte. Mit Hilfe einer Leiter bestieg er das Faß und führte den Schlauch durch das obere Spundloch. Ein paar Minuten später begann der Pumpvorgang. Wie eine Schlange zuckte der Schlauch in rhythmischen Saugintervallen.

»Es ist eine Schande, daß in Ihrem Betrieb so schlampig gearbeitet wird!«, schimpfte Westemeer mit verwaschener

Aussprache vor sich hin. »Dem Burschen, der das Handy ins Faß hat fallen lassen, gehören doch die Hammelbeine lang gezogen! Herr Schneider, der Kerl gehört entlassen! … und den Schaden, den er angerichtet hat, muß er außerdem zahlen …« Er rülpste vernehmlich.

Einer der anwesenden Mitarbeiter des Staatlichen Hofkellers versuchte, Westemeer zu beruhigen – was ihm dann auch einigermaßen gelang.

Es dauerte einige Zeit, dann kam aus dem Faß ein schlürfendes Geräusch. Der Saugschlauch war auf Luft gestoßen.

Der Fahrer kletterte wieder nach oben und schob den Schlauch noch einmal nach. Ein paar Minuten später war das Faß nun endgültig leer. Langsam zog der Mann den Schlauch wieder aus dem Spundloch.

»Soll ich die Faßtür aufmachen?«, wollte der Mann wissen, während er die elektrische Winde betätigte, die den Schlauch wieder aufrollte. Er sah den Geschäftsführer fragend an.

Der wiederum vergewisserte sich mit einem Blick bei Klingler, daß der damit einverstanden war.

Rottmann dauerte diese Prozedur zu lange. »Los, mach schon auf, Junge!«, forderte er. »Wir müssen auf jeden Fall reinsehen.«

Der Fahrer zuckte mit den Schultern. Er hatte ja keine Ahnung, was hier vorging. Schließlich holte er einen Schraubenschlüssel und einen Gummischlegel vom Wagen und näherte sich der Vorderfront des Fasses. Minuten später hatte er den querstehenden Riegel des Loches verschoben und die Deckplatte geöffnet. Ein kleiner Schwall Rotwein ergoß sich auf die Erde. Der Wein verlief sich in mäandernden Schlieren auf dem Asphalt.

In der Runde entstand eine kleine Pause. Jetzt, nachdem das Geheimnis praktisch offen vor ihnen lag, konnte sich offenbar keiner so richtig entschließen, den ersten Schritt zu tun. Öchsle brach den Bann. Er tappte ein Stück voran und schlabberte von dem Wein.

»Hat mal einer eine Taschenlampe?« Rottmann hielt dem Fahrer fordernd die Hand hin.

Der öffnete hastig den Wagenschlag und reichte dem pensionierten Polizeibeamten die Stablampe.

Kurzentschlossen näherte sich Erich Rottmann der dunklen Öffnung, beugte sich hinunter und leuchtete ins Innere. Der konzentrierte Duft des Rotweins, der ihm in die Nase drang, verschlug ihm fast den Atem.

Der grelle Lichtstrahl der Taschenlampe tastete sich an den Innenwänden der Faßgauben entlang. Nur Sekunden später traf er auf ein merkwürdiges, längliches Paket, eine undefinierbare Rolle, die der Länge nach auf dem Faßboden lag.

»Was ist? Können Sie das Handy sehen?« Klingler und Schneider standen hinter Rottmann und versuchten, an ihm vorbei durch die Faßöffnung zu sehen. Bei Rottmanns Ausmaßen allerdings ein vergebliches Bemühen.

Schwerfällig richtete sich der Ex-Kommissar auf. Ehe er reagieren konnte, hatte Schneider ihm die Taschenlampe weggenommen und beugte sich nun seinerseits hinunter. Diesmal hatte Klingler eine Chance, ebenfalls etwas zu erkennen.

»Was …, was ist denn das?« Schneider richtete sich abrupt auf und ließ die Taschenlampe sinken.

Erich Rottmann warf Klingler einen bedauernden Blick zu, dann sagte er mit gedämpfter Stimme: »Ich fürchte, da hat jemand einem Mitmenschen ein Rotweingrab verschafft.«

»Was soll das? Kann mir mal einer erklären …« Schneider verstand immer noch nicht.

Erich Rottmann hielt bereits sein Mobiltelefon in der Hand. »Das bedeutet, daß ich nun schnellstens meine Kollegen von der Mordkommission verständige. In diesem Paket befindet sich an mit Sicherheit grenzender Wahrscheinlichkeit ein Mensch! Wenn er keine weintauglichen Kiemen hat, vermutlich ein toter Mensch!«

Er ging einige Schritte zur Seite und wählte eine eingespeicherte Nummer. Als Rottmann seinen Namen nannte, wußte der Beamte in der Einsatzzentrale sofort, mit wem er es zu tun hatte und versprach, umgehend den diensthabenden Kriminalbeamten zu verständigen.

»Wer hat denn Dienst?«, wollte Rottmann wissen.

Der Beamte nannte einen Namen.

Erich Rottmann schüttelte den Kopf. Als er registrierte, daß der Mann am anderen Ende der Leitung diese Bewegung nicht sehen konnte, entgegnete er: »Kollege, das hier ist ein schwieriger Fall. Da brauchen wir den Bäcker, nicht die Brötchen.«

»Gut, dann rufe ich jetzt Krämer an«, erwiderte der Mann. »Da krieg ich wieder was zu hören.«

»Alles klar!« Rottmann unterbrach das Gespräch. Er konnte sich gut vorstellen, wie sein menschenfreundlicher Nachfolger reagieren würde. Der Beamte in der Zentrale tat ihm leid. Krämer nicht.

Als Rottmann zurückkam, konnte er gerade noch verhindern, daß der Geschäftsführer des Staatlichen Hofkellers den schlankesten Mann, der in der Nähe der Fundstelle stand, überredete, sich durch die Öffnung zu quetschen, um das Paket herauszuziehen.

»Sind Sie wahnsinnig? Sie zerstören doch jede verwertbare Spur!«

Rottmann bat den Fahrer des Tankwagens, einige Kneipenbummler zu vertreiben, die sich neugierig der Szene genähert hatten und sich lauthals nach dem Grund für den nächtlichen »Event«, wie sie es nannten, erkundigten.

Als in der Ferne die Sirenen der Einsatzfahrzeuge zu hören waren, atmete Rottmann auf. Jetzt würde die Sache ihren geordneten Gang gehen.

Erster Kriminalhauptkommissar Krämer sprang leichtfüßig aus dem Streifenwagen, der durch die *Schustergasse* auf den Marktplatz gefahren war. Hinter ihm hielten zwei weitere Dienstfahrzeuge.

Selbstverständlich hatte sich der Leiter der Mordkommission von zu Hause abholen lassen. Erich Rottmann war in solchen Fällen immer mit seinem alten VW-Käfer zum Tatort gefahren.

Es war schon erstaunlich, aber auch um diese nächtliche Zeit war Krämer wie aus dem Ei gepellt.

»Wer hat uns verständigt?«, bellte er ohne Gruß, noch ehe er aus dem Schlagschatten der Wagentür getreten war.

Rottmann hob die Hand. Er wußte, was jetzt folgen würde.

»Ach, der Herr Kollege Rottmann ...« Krämer näselte wie ein verschnupfter Engländer. »Als mir die Einsatzzentrale die näheren Umstände des Einsatzortes schilderte, hätte ich mir eigentlich denken können, daß Sie ihre Finger im Spiel haben.«

In diesem Augenblick erkannte er die Prominenz in der Nähe des Fasses stehen. Durch den Körper des Beamten ging ein regelrechter Ruck.

»Guten Abend, Herr Klingler«, grüßte er, wie verwandelt. »Was führt denn Sie zu so unchristlicher Zeit hierher?« Mit ausgestreckter Hand ging er auf dem Referenten der Oberbürgermeisterin zu und schüttelte dessen Rechte.

»Ja, und der Herr Weinbaupräsident! Schön, Sie mal persönlich kennenzulernen.« Mit dem angetrunkenen Westemeer vollzog er das gleiche Ritual.

»Hätte jemand die Freundlichkeit, mich kurz zu unterrichten?«

Klingler wies auf Rottmann. »Fragen Sie ihren Kollegen, der kann ihnen die Umstände dieser unerfreulichen Angelegenheit wohl am besten schildern.«

Krämer verzog sein Gesicht, als hätte er einen Schluck Essig getrunken.

Rottmanns Meinung über Krämer war normalerweise nur mit Begriffen unterhalb der Gürtellinie zu beschreiben. Das hier aber war ein Einsatz, bei dem Professionalität gefragt war. Mit knappen Worten gab er dem Kriminalbeamten daher einen scharf umrissenen Überblick über die Situation, ohne ihn allerdings in die Gründe einzuweihen, die er dahinter vermutete.

In Gegenwart der Prominenz hielt sich Rottmanns »Kollege« ebenfalls zurück. Er lauschte mit geneigtem Kopf, dann warf er der dunklen Faßöffnung einen Blick zu.

»Besorgt mal Lampen«, befahl er einem seiner Beamten. Die Streifenbesatzung besorgte mittlerweile die Absperrung des Platzes.

»Ich denke, man sollte einen Gerichtsmediziner dazuholen«, warf Rottmann ein. »Vermutlich ist in dem Paket eine Leiche!«

»Was Sie nicht sagen …«, gab Krämer scharf zurück, hatte sich aber sofort wieder unter Kontrolle. »Das ist sicher richtig, Herr Kollege.«

Rottmann hätte ihm am liebsten eine geklebt.

Es dauerte fast eine Stunde, bis die Spurensicherung ihre Ausrüstung aufgebaut hatte und die Fotos vom Fundort gemacht waren. Bis zum Eintreffen des Gerichtsmediziners durfte das Paket im Faß ohnehin nicht bewegt werden.

Die Spannung der Anwesenden stieg ins Unermeßliche.

In diesem Augenblick wurden die Absperrungsbänder hochgehoben und ein kräftiger Mann in einem offen getragenen Trenchcoat kam schwungvoll auf die Gruppe zu. Er grüßte freundlich nickend nach allen Seiten, dann wandte er sich an Krämer: »Was haben wir hier?«

Oberstaatsanwalt Carl Calchert von der Staatsanwaltschaft Würzburg, zuständig für »Mord und Totschlag«, wie er sein Aufgabengebiet immer etwas scherzhaft umschrieb, war vom Leiter der Mordkommission telefonisch vom Leichenfund auf dem Marktplatz informiert worden. Die Umstände des Fundes hatten den Oberstaatsanwalt zu seinem persönlichen Erscheinen veranlaßt. »CC«, wie er in Polizeikreisen nur genannt wurde, war ein stets freundlicher, eher gemütlich wirkender Mann. Dieser Eindruck täuschte jedoch. Eingeweihte wußten, daß er in Ermittlungssachen das war, was Strafverfolger einen »scharfen Hund« nannten.

In diesem Augenblick hielt in der Nähe ein Fahrzeug, und der Gerichtsarzt betrat die Szene. Offenbar hatte man ihn von einem Fest weggerufen, denn unter seiner Jacke erkannte man Smokinghemd und Fliege.

Der Oberstaatsanwalt und der Gerichtsmediziner begrüßten sich kurz, dann begann Krämer, die beiden über die Umstände des Fundes zu informieren. CC und der Arzt stellten einige gezielte Zwischenfragen.

Als Krämer seine Ausführungen abschloß, ging der Pathologe zu seinem Fahrzeug und zog sich Gummistiefel an. Der Beamte der Staatsanwaltschaft näherte sich dem Faß.

Rottmann zog die Augenbrauen in die Höhe. Er wußte, was nun kommen würde. Der Mediziner würde versuchen, ins Faß zu kriechen, um das Paket drinnen zu öffnen. Auf diese Art und Weise wollte er verhindern, daß durch die Bewegung Spuren verwischt wurden.

Erich Rottmann war aber auch klar, daß das Vorhaben nicht gelingen konnte. Der Arzt war viel zu kräftig, um durch die schmale Öffnung zu kommen, die nur deshalb vorhanden war, um das Faß reinigen zu können. Üblicherweise wurden zu diesem Zweck schlanke Lehrlinge in die Fässer geschickt.

Schon nach kurzer Zeit gab der Mediziner auf. »Holt das Bündel heraus«, bat er, »wir müssen es außerhalb öffnen.« Er warf dem Oberstaatsanwalt einen Blick zu. Der nickte nur schulterzuckend.

Eine schlanke Streifenbeamtin wurde mit der schwierigen Aufgabe betraut. Sie überreichte ihren Waffengürtel einem Kollegen, dann zog sie sich einen der dünnen Schutzanzüge der Spurensicherung über. Vorsichtig schob sie sich anschließend mit dem Oberkörper durch die Öffnung. Keuchend gelang es ihr, das Bündel näher an die Faßöffnung zu zerren. Nachdem das *Corpus delicti* so in Reichweite war, daß die Beamten von draußen ziehen konnten, kam die Beamtin wieder ins Freie. Sie sah sehr furchterregend aus: Ihr Schutzanzug war im Arm- und Brustbereich vom Wein blutrot gefärbt.

Mit vereinten Kräften gelang es den Beamten, das schwere Bündel ins Freie zu zerren. Sie legten es direkt neben das Faß auf eine ausgebreitete Folie. Nun war unverkennbar, daß es sich um einen menschlichen Körper handelte.

Das war die Stunde des Rechtsmediziners. Der hatte sich mittlerweile ebenfalls in einen Schutzanzug gequetscht und trug Gummihandschuhe. Nachdem die Beamten die Szene mit Stellampen gut ausgeleuchtet hatten, nahm er einen Skalpell und begann, das Paketklebeband vorsichtig aufzuschneiden. Die stabile Folie war grau und nicht transparent.

Der Polizeifotograf hielt jeden Schritt der Leichenbergung im Bild fest.

Schließlich hatte der Gerichtsmediziner die letzte Schicht erreicht und begann damit, das Gesicht der Leiche freizulegen. Als schließlich der Kopf zum Vorschein kam, ging ein Raunen durch die Umstehenden.

Das Gesicht des Toten war blutverschmiert, die Haut grauweiß und insgesamt aufgedunsen. Die Folie mußte wie eine Versiegelung gewirkt haben. Die Kleidung der Leiche war flächig mit roten Flecken behaftet.

Trotz der verwesungsbedingten Veränderungen konnte Klingler den vermißten Dr. Naumann unschwer erkennen. Mit bleicher Miene sah er Rottmann an und nickte leicht. Das wäre gar nicht nötig gewesen, auch der Ex-Polizist hatte den toten Stadtkämmerer erkannt.

»Die Anhaftungen sind nicht frisch«, stellte der Gerichtsmediziner fest. »Jedenfalls sind sie völlig eingetrocknet. Sieht so aus, als wäre die Folie so dicht gewickelt und verklebt gewesen, daß sie der Wein im Faß nicht durchdringen konnte. Ich vermute mal, die Flecken stammen vom Blut aus der Kopfverletzung. Außerdem«, er drehte den Körper etwas zur Seite, »scheint hier seitlich des Thorax eine weitere erhebliche Verletzung zu sein. – Sieht aus wie ein Einschuß. – Genaueres kann ich allerdings erst nach der Obduktion sagen.«

»Wie lange ist er schon tot?«, wollte Oberstaatanwalt Calchert wissen.

»Schwer zu sagen. Nach dem Zustand der Leiche bestimmt schon einige Tage.«

»Irgendwie kommt mir der Tote bekannt vor«, stellte Krämer nachdenklich fest.

»Kein Wunder«, bestätigte der Pathologe, »wenn mich nicht alles täuscht, haben wir hier den Stadtkämmerer von Würzburg vor uns.« Er räusperte sich, dann ergänzte er in einer Anwandlung makabren Humors: »Ich wußte gar nicht, daß es um unsere Stadtfinanzen so schlecht bestellt ist, daß sich der Kämmerer gleich in einem Rotweinfaß ertränken muß.«

Der Oberstaatsanwalt warf ihm einen rügenden Blick zu. Keiner fand den Scherz lustig.

Die Kriminalbeamten durchsuchten die Kleidung der Leiche nach persönlichen Gegenständen und Papieren. Es schien noch alles vorhanden zu sein, was ein Mann üblicherweise in seinen Taschen mit sich trug: Geldbeutel mit Inhalt, Ausweispapiere, Kreditkarten. Der Tote war folglich nicht ausgeraubt worden.

Bei der Durchsuchung fanden sie auch das eingeschaltete Mobiltelefon, das den Toten verraten hatte.

Als die Beamten fertig waren, gab der Gerichtsmediziner den mittlerweile eingetroffenen Männern des Beerdigungsinstituts einen Wink. »Er kommt hinaus zu uns.« Oberstaatsanwalt Calchert nickte bestätigend.

Die beiden Männer holten den Zinnsarg aus ihrem Transporter. Sie wußten, was sie zu tun hatten.

Der Vertreter der Staatsanwaltschaft erklärte vorsorglich das Faß für beschlagnahmt und wies Krämer an, das Beweisstück am nächsten Morgen abholen zu lassen. Bis dahin mußte es von einer Polizeistreife bewacht werden. Krämer veranlaßte alles Nötige. Als sich die Versammlung am *Oberen Markt* schließlich auflöste, war bereits die halbe Nacht vorüber.

Erich Rottmann war von den Ereignissen der letzten Stunden derart aufgedreht, daß an Schlaf nicht zu denken war. Zu Hause angekommen, legte er eine CD ein und goß sich einen Schoppen Bacchus als Absacker ein. Den sonst üblichen Rotwein schenkte er sich heute aus nachvollziehbaren Gründen. Dann setzte er sich in seinen Sessel, lehnte den Kopf gegen das Polster und legte die Füße hoch.

Der Mann, der schon vor Öffnen des Pakets wußte, wer sich darin befand, zog sich für einen Augenblick des Atemschöpfens etwas in den Hintergrund zurück. Obwohl er den ganzen Tag über nur mäßig getrunken hatte, war ihm plötzlich so schlecht, daß er sich am liebsten übergeben hätte. Nur mühsam konnte er seine Magennerven unter Kontrolle halten.

Als der Leichnam schließlich ausgewickelt vor ihm lag, mußte er sich umdrehen. Da andere Anwesende mehr oder weniger ebenso reagierten, fiel sein Verhalten nicht weiter auf.

Als die Polizei eine Stunde später den Fundort verlassen hatte, nicht ohne das Weinfaß zu versiegeln und eine Wache davorzustellen, irrte er durch die leeren Straßen der Stadt. Während er in einem Taxi den Heimweg antrat, begann es bereits hell zu werden.

Erich Rottmann wurde von einer nassen Hundezunge geweckt, deren Besitzer ihm freundlich, aber nachdrücklich klarmachte, daß es nun langsam Zeit zum Aufstehen war. Der pensionierte Polizist, sonst sicher kein Langschläfer, riß die Augen auf und sah sich verwundert um. Es dauerte einen Augenblick, bis ihm klar wurde, daß er die Nacht in seinem Sessel verbracht hatte. Nach einem Blick auf seine Armbanduhr korrigierte er sich: Von Nacht konnte keine Rede sein, lediglich vier Stunden hatte er geschlafen. Es war acht Uhr, und Öchsle forderte sein Recht.

Mit schmerzendem Rücken quälte sich Rottmann hoch. Für solche nächtlichen Aktionen war er ganz einfach zu alt. Er hatte einen Brummschädel, als hätte er wer weiß wieviel gebechert. Dabei war es lediglich das Schlafdefizit, das ihn quälte.

Nach einer kalten Dusche fühlte er sich etwas besser. Er verließ das Haus und marschierte in Richtung Ringparkanlagen. Öchsle mußte sich heute früh mit einer kurzen Tour zufriedengeben. Für Rottmann gab es nach dem nächtlichen Leichenfund Gesprächsbedarf mit der Rathausspitze. Für den ehemaligen Kriminalbeamten stand außer Frage, daß er die Angelegenheit weiterverfolgen würde. Jetzt, da es eine Leiche gab, wurde die Sache erst richtig interessant. Rottmann vermutete den Täter im beruflichen Umfeld des getöteten Stadtkämmerers. Um diese Meinung allerdings untermauern zu können, benötigte er weitere Informationen.

Kurz nach neun griff Rottmann auf Höhe *Münzstraße* zum Mobiltelefon. Er wählte Klinglers Handynummer.

»Klingler«, meldete sich der Referent der Oberbürgermeisterin schon nach dem zweiten Läuten.

»Hier Rottmann. Ich müßte Sie sprechen. Wenn es geht, heute noch.«

»Kommen Sie gleich ins Rathaus. Ich erwarte Sie in meinem Dienstzimmer. – Es gibt auch Neuigkeiten.«

»Geben Sie mir eine dreiviertel Stunde. Ich habe noch nichts gefrühstückt.«

»Also gut, sagen wir dann um zehn. Aber bitte nicht später, da ich anschließend noch zwei andere Termine habe.«

Rottmann sagte zu. Die Verbindung wurde unterbrochen.

Wie immer, wenn Rottmann ein schnelles, aber nahrhaftes Frühstück benötigte, eilte er zum *Café Haupeltshofer*. Conny, eine der Bedienungen, winkte dem Stammgast freundlich zu.

»Das Übliche, bitte«, rief er ihr zu. »Habe es heute leider etwas eilig!«

Conny lächelte: »Schon in Arbeit!«

Erich Rottmann ließ sich an seinem Stammplatz nieder und schnappte sich die Tageszeitung. Er war gespannt, ob die Presse schon von den Ereignissen der Nacht Wind bekommen hatte.

Er drehte den Lokalteil nach allen Seiten. Nur der Bürgerschoppen wurde nach allen Regeln der Pressekunst bebildert und textlich ausgeschlachtet. Als er die Zeitung schon wieder weglegen wollte, stach ihm in einer Textspalte das Wort »Mißgeschick« ins Auge. Er las den Artikel noch einmal gründlich. Schließlich atmete er auf. Der Berichterstatter erwähnte nur, daß sich durch ein technisches Mißgeschick der Ausschank des Hofkeller-Weins etwas verzögert hatte. Kein Wort von einem klingelnden Handy.

Sein Frühstück kam, und er legte die Zeitung wieder zur Seite. Durch diesen zeitlichen Aufschub konnte er mit dem Rathaus eine vernünftige Strategie absprechen, wie man der Presse begegnen sollte.

Rottmann betrat das Rathaus durch den Eingang am *Vierröhrenbrunnen*. Er war ganz froh, das Amtsgebäude am Vormittag zu betreten, weil zu dieser Tageszeit nicht die Gefahr bestand, seiner Verehrerin Elvira Stark zu begegnen. Ihren drängenden Fragen konnte man manchmal nur schwer ausweichen.

Als er an Klinglers Zimmertür vorbeikam, stand diese offen, und das Gesicht des Referenten war im Türspalt zu erkennen. Er hatte offenbar auf ihn gewartet.

»Kommen Sie doch bitte gleich rein«, bat Klingler und hielt seinem Besucher die Tür auf. Er gab Rottmann die Hand und schloß die Tür zum Flur.

»Wundern Sie sich bitte nicht, daß ich Sie abfange, aber heute wird das Vorzimmer unserer OB von Journalisten belagert. Alle wollen ein Statement zum Erfolg des Bürgermeisterschoppens und zur Summe des erlösten Geldes. Dabei können wir im Moment noch gar nichts Konkretes sagen, weil uns die Weingüter noch nicht informiert haben. Aber das nur nebenbei.« Er wies mit der Hand zu einem Besprechungstisch und bot Rottmann einen Stuhl an. Öchsle nahm darunter Platz.

»Das war eine harte Nacht«, leitete der Beamte das Gespräch ein. »Ich bin noch wie gerädert. Vor lauter Aufregung habe ich mich gar nicht ins Bett gelegt.«

Rottmann nickte verständnisvoll, ging aber nicht weiter darauf ein.

»Sie haben mir gesagt, daß es neue Erkenntnisse über die Unterschlagungen im Rathaus gibt«, kam der pensionierte Polizeibeamte gleich zur Sache. »Kann man schon was sagen, ob Dr. Naumann in die Sache verstrickt war? Wir müssen uns überlegen, was wir sagen, wenn die Presse von der Sache erfährt. Außerdem werden Sie nicht umhin kommen, die Polizei über die Angelegenheit zu informieren. Sie werden sich eine plausible Erklärung einfallen lassen müssen, weswegen Sie die Ermittlungsbehörden nicht sofort unterrichtet haben.«

»Das ist uns klar. Ich habe selbstverständlich noch in der Nacht mit Frau Dr. Beckstein-Mannfeld gesprochen und sie über den aktuellen Sachstand informiert. Sie war schockiert.

Die Mitteilung des Rathauses an die Polizei ist bereits erfolgt. Die OB meint, wir sollen uns gegenüber der Presse auf den Standpunkt stellen, keine Informationen rausgeben zu können, da dies ein Eingriff in laufende Ermittlungen der Staatsanwaltschaft wäre. Damit müßten wir doch eine Zeitlang durchkommen, oder?« Er sah sein Gegenüber fragend an.

»Eine Zeitlang – vielleicht. Kommt drauf an, was die Polizei verlauten läßt. Aber einige Tage wird es wohl noch gehen. Wie sieht es übrigens aus? Soll ich in der Sache weiter ermitteln oder wollen sie, daß ich die Finger davon lasse, nachdem daraus ein offizielles Ermittlungsverfahren geworden ist?«

»Wir wären ihnen sehr dankbar, wenn Sie weitermachen könnten. Uns wäre daran gelegen, herauszufinden, ob unser Kämmerer von den Unterschlagungen gewußt hat. Wenn ihre Ermittlungsergebnisse ihn von einer Schuld befreien, könnten wir die ganze Sache etwas tiefer hängen. Die Unterschlagung eines kriminellen Bediensteten wirbelt nicht soviel Staub auf, wie dieselbe Straftat eines Stadtkämmerers. – Bei der Schadenssumme handelt es sich übrigens um mehrere hunderttausend Euro. Der zuständige Mitarbeiter ist noch immer nicht aufgetaucht. Ich persönlich habe ja den Verdacht, daß er sich aus dem Staub gemacht hat.«

»Besorgen Sie mir bitte ein paar Details. Name, Anschrift et cetera. Was in der Personalakte steht, müßte fürs erste ausreichen. – Ich will mal sehen, was ich herausfinden kann. Es kann schon sein, daß er sich auf und davon gemacht hat. Vermutlich hat er vorher Dr. Naumann beseitigt. Damit hat er einen wichtigen Zeugen beseitigt.«

Erich Rottmann erhob sich und ging zur Tür. Öchsle beendete sein Nickerchen und folgte ihm. Plötzlich blieb Rottmann noch einmal stehen. »Trotz meines Verdachts darf man die Routinearbeit nicht aus den Augen verlieren. Können Sie mir bitte eine Liste der Personen anfertigen, die bei der Besprechung auf dem Schützenhof dabei waren? Ich möchte gerne wissen, wer wann, in Begleitung von wem, den *Schützenhof* nach dem Ende des Treffens verlassen hat.«

Klingler sah Rottmann einen Augenblick verwundert an, dann erwiderte er: »Klar, kann ich Ihnen besorgen. Allerdings kann ich Ihnen nicht jedes gewünschte Detail liefern, da ich etwas früher gegangen bin. Ich bin runter in die Stadt gelaufen. Nach der langen Sitzerei stand mir der Sinn nach Bewegung.«

Rottmann sah ihn mit unbewegter Miene an. »Es wäre gut für Sie, wenn Sie hierfür einen Zeugen hätten.«

Klingler sah ihn betroffen an. »Wollen Sie sagen, Sie verdächtigen mich?«

Der Ex-Kriminalbeamte hob vage die Hand. »Nehmen Sie es nicht persönlich. Grundsätzlich ist jeder verdächtig, der sich zu diesem Zeitpunkt auf dem Schützenhof aufhielt.«

»Könnte auch eine Frau die Täterin sein?«

»Herr Klingler, glauben Sie wirklich, eine Frau wäre in der Lage, eine so schwere Leiche durch das Loch im Faß zu schieben?«

»Hm. Wahrscheinlich haben Sie Recht. – Reicht es, wenn ich ihnen die Liste heute noch in ihren Briefkasten werfen lasse?«

Rottmann war einverstanden. Er gab Klingler die Hand und verließ das Büro. Im Hinausgehen warf er einen kurzen Blick auf eine kleine Ansammlung gerahmter Fotos, die auf einem Bord standen. Für einen flüchtigen Augenblick hatte er den Eindruck, eines der Gesichter auf den Fotos zu kennen. Er nahm sich aber nicht die Zeit, genauer hinzusehen. Als er das Rathaus verließ, hatte sich dieser Gedanke schon wieder verflüchtigt. Ein paar Minuten später war Rottmann mit seinem Hund auf dem Weg zum *Unteren Marktplatz.*

Der Platz befand sich mittlerweile wieder in seinem normalen Zustand. Die Hütten waren entfernt, und die Weingüter hatten die beiden äußeren Fässer abgeholt. Auch das Rotweinfaß war abtransportiert worden.

Wie Rottmann noch aus seiner aktiven Zeit wußte, wurden derart sperrige Beweisgegenstände zum Gelände der Bereitschaftspolizei in die *Zellerau* gebracht und dort verwahrt. Die »Bepo« hatte ausreichend Platz, um auch ein so voluminöses Beweisstück zu lagern.

Nur ein dunkler Fleck auf dem Asphalt zeugte noch von den dramatischen nächtlichen Ereignissen. Die Würzburger hasteten ahnungslos darüber.

Während Erich Rottmann in Gedanken versunken vor dem Obelisken stand, drang plötzlich eine bekannte Stimme an sein Ohr. Sie riß ihn gnadenlos aus seiner etwas matten Gehirnaktivität in die Realität zurück.

»Ja, Erich, daß man Dich auch wieder einmal sieht! Ich dachte, Du würdest mich mal anrufen und mir erzählen, was unsere Oberbürgermeisterin von Dir wollte. Außerdem habe ich darauf gewartet, daß Du mich zum Bürgermeisterschoppen einlädst.«

Elvira Stark stand wie aus dem Boden gewachsen vor ihm und musterte ihn mit vorwurfsvoller Miene. Er konnte es nicht vermeiden, daß er leicht zusammenzuckte. Selbst Öchsle ließ seinen hinterteiligen Stimmungsanzeiger nach unten sinken.

»Hallo, Elvira«, entgegnete Rottmann mit gebremster Begeisterung. »Tut mir leid, aber ich hatte in den letzten Tagen einen derartigen Streß, daß ich keine Zeit hatte, Dich anzurufen.«

Die Frau sah ihn kritisch an. »Wie mir scheint, waren die letzten Nächte wirklich nicht sehr erholsam für dich. Du hast Augenringe, man könnte denken, Du hast ein Brillenhämatom! Hast wohl mit den *Schoppenfetzern* wieder mal Überstunden gemacht?« So war Elvira nun einmal, direkt und ehrlich.

»Nein. Es kann doch mal vorkommen, daß man schlecht schläft.«

Elvira ließ einen vielsagenden spitzen Lacher los. »Wenn ich Dich so ansehe, kannst Du bestimmt einen starken Kaffee vertragen«, stellte sie etwas versöhnlicher fest. »Komm, ich lade dich ins *Café Michel* ein.«

Rottmann seufzte innerlich. Eigentlich hatte er jetzt Deichler anrufen wollen, um herauszufinden, ob er von den Spuren, die er ihm übergeben hatte, bereits ein Ergebnis hatte.

»Wahrscheinlich hast Du Recht«, sagte er laut. »Danke für die Einladung.« Er wandte sich in Richtung *Falkenhaus*.

Elvira hängte sich ohne viele Umstände bei ihm ein und verdrängte damit Öchsle, der sich nun einen Platz hinter den beiden suchen mußte.

Psychologisch geschickt wählte Elvira einen Platz im hinteren Raucherbereich des Cafés, weil sie wußte, daß Erich Rottmann zum Kaffee gerne eine Pfeife rauchte. Sie wollte ihn in eine ganz entspannte Stimmung bekommen, weil sie sich dadurch eine größere Mitteilsamkeit erhoffte. Selbstverständlich war sie darauf aus, ihren Jugendfreund auszufragen. Als Reinemachefrau hatte sie natürlich mitbekommen, daß im Rathaus irgend etwas am Kochen war. Für sie bestand kein Zweifel: Das hatte mit der Besprechung zu tun, die der Ex-Kommissar mit der Oberbürgermeisterin und Klingler geführt hatte. Für sie stand außer Frage: Die Reinemachefrau der Chefetage hatte über alle wichtigen Ereignisse und Entscheidungen im Rathaus Bescheid zu wissen. Schließlich mußte sie doch wissen, worüber sie Stillschweigen zu bewahren hatte.

Nachdem sie ihre Bestellung aufgegeben hatten, pirschte sich Elvira langsam heran. »Na, wie war denn der Bürgermeisterschoppen? In der Zeitung stand, der Verkauf wäre ganz toll gelaufen und der Umsatz sei erfreulich hoch gewesen.«

»Soviel ich weiß«, erwiderte Rottmann, »ist der ganze gespendete Wein verkauft worden. – Die Stadtkasse kann's vertragen.« Er begann seine Pfeife zu stopfen.

»Du kannst Dir gar nicht vorstellen, was zur Zeit in der Chefetage für ein Streß herrscht. Jeden Tag hat unsere OB mehrere Dienstbesprechungen mit ihrem Referenten.« Sie beugte sich nach vorne und näherte ihren Mund Rottmanns Gesicht. »Zuerst dachte ich ja, es habe mit dem Bürgermeisterschoppen zu tun. Aber in der Zwischenzeit habe ich munkeln hören, es würde im ganzen Haus eine Innenrevision durchgeführt. Mit solch hellwachen Augen habe ich unsere Damen und Herren Beamten schon lange nicht mehr durchs Haus laufen sehen!«

Unter gesenkten Wimpern warf sie Rottmann einen prüfenden Blick zu. Der hatte sich jedoch völlig im Griff. Es war ein Vorteil, daß er sich mit der Pfeife beschäftigen konnte. So mußte er Elvira nicht anschauen.

»Hm«, brummte er nur.

Elvira Starks Temperament ließ es einfach nicht zu, diese Wortkargheit so einfach hinzunehmen.

»Ja, hast Du davon nichts mitbekommen?«, fragte sie schärfer, als sie eigentlich vorgehabt hatte. »Deswegen haben sie Dich doch bestimmt ins Rathaus gerufen.«

Wenn Elvira etwas auf die Palme brachte, dann der Umstand, wenn er sich so einigelte.

Mittlerweile dampfte die Pfeife, und Erich Rottmann produzierte eine Nebelwand. Zum Glück brachte die Bedienung jetzt den Kaffee, so daß er wenigstens für den einen Augenblick einer Antwort enthoben wurde.

Die beiden rührten ihren Kaffee um. Schließlich murmelte Rottmann: »Entschuldige, aber ich glaube Du hast mich gerade etwas gefragt. Tut mir leid, aber ich bin heute wirklich nicht auf dem Damm. – Was hast Du gesagt?«

Elvira atmete tief durch, zählte innerlich bis zehn und lächelte Rottmann an. »Tu doch nicht so scheinheilig, Erich. Du weißt ganz genau, was ich gefragt habe. Gib doch einfach zu, daß Du mir nichts erzählen willst.« Sie nahm einen Schluck Kaffee. »Früher oder später benötigst Du wieder meine Hilfe, dann mußt Du mich doch sowieso einweihen. – Aber wenn Du meinst, ich bin nicht vertrauenswürdig, dann mußt Du es eben lassen. – Ich schlage vor, wir unterhalten uns übers Wetter.«

»Jetzt sei halt nicht eingeschnappt«, versuchte Rottmann die Stimmungslage zu verbessern. »Ich mußte wirklich absolutes Stillschweigen zusagen …«

Ihre Augen funkelten. »Es ist also tatsächlich etwas dran an den Gerüchten, daß unser Kämmerer mit der Stadtkasse durchgebrannt ist.«

Erich Rottmann hob fast schon verzweifelt die Hände. »Elvira, ich habe kein Wort davon gesagt! Hör doch bitte auf, hier etwas zusammenzuphantasieren. Wenn Du solche Ammenmärchen verbreitest, kommst Du in Teufels Küche! Bestenfalls bist zu Deinen Job los.«

Sie stieß die Luft aus wie ein überhitzter Dampfkessel. »So schlimm ist es also ...« Sie schüttelte den Kopf.

»Also, Erich, Du mußt Dir keine Sorgen machen, ich werde jetzt nicht weiterbohren. Offenbar handelt es sich wirklich um Staatsgeheimnisse. Solltest Du aber meine Hilfe benötigen, dann kannst Du jederzeit auf mich zurückgreifen. Du mußt zugeben, wir waren in der Vergangenheit in solchen Fällen immer ein gutes Team.«

Sie gab der Bedienung einen Wink, dann zog sie ihren Geldbeutel aus der Handtasche.

»Laß mal ...« Erich Rottmann wollte nicht, daß sie für ihn zahlte.

»Nichts da«, gab sie forsch zurück. »Ich habe Dich eingeladen und dabei bleibt's.«

Nachdem sie die Rechnung beglichen hatte, stand sie auf. »Erich, ich laß Dich jetzt mit Deinen Gedanken allein. Ich weiß, es gibt einfach Tage, da hat man für eine Unterhaltung keinen Geist.« In einer spontanen Anwandlung tätschelte sie die Wange des Ex-Kommissars, dann stand sie auf und eilte hinaus. Fast sah es aus, als wäre sie von ihrer eigenen Verwegenheit überrascht.

Erich Rottmann sah ihr schockiert hinterher. So viel Intimität mußte er erst einmal verkraften.

Er sah sich im Café um. Die Tische rings um seinen Sitzplatz waren alle leer. Die Raucher werden immer mehr zur Minderheit, dachte er und zog sein Mobiltelefon aus der Tasche. Hier konnte er Deichler anrufen, ohne gestört zu werden.

Er ließ es mehrmals läuten. Als er schon wieder auflegen wollte, kam die Verbindung zustande.

»Deichler, Kriminalpolizei.«

»Hallo, Florian, hier ist Erich. Ich rufe wegen der Rotweinleiche an. Du warst ja heute nacht nicht dabei ...«

Deichler unterbrach ihn. »Tut mir leid, da kann ich Ihnen keine Auskunft geben. Da müssen sie sich an unsere Pressestelle wenden.« Deichler konnte offenbar nicht sprechen.

»Alles klar«, gab Rottmann zurück. »Wann paßt es?«

»Richtig. So um 15 Uhr müßten Sie unseren Pressesprecher sicher erreichen. Auf Wiederhören.« Die Verbindung war abgebrochen.

Das paßte Rottmann gar nicht in den Kram. Er hätte gar zu gerne gewußt, ob sein ehemaliger Mitarbeiter die Spuren, die er, Rottmann, oben am Schützenhof gesichert hatte, mittlerweile hatte untersuchen lassen.

Es half alles nichts, er mußte sich noch gedulden. Er kannte die Situation ja noch von früher. Wahrscheinlich jagte heute eine Dienstbesprechung die andere. Immerhin war der Stadtkämmerer nicht irgendwer, und es gab sicher die verschiedensten Interessenten, die sich wegen Informationen an die Polizei wandten.

Mit einem großen Schluck trank er seine Tasse leer. Der Kaffee war mittlerweile nur noch lauwarm.

»Öchsle, wir gehen«, stellte Rottmann fest und erhob sich. Nachdem seine Bruyere, wie er feststellte, in den letzten Zügen lag, klopfte er seine Pfeife im Aschenbecher aus und steckte die Pfeife ein. In dieser Situation konnte ihm nur Gottfried Meyer, der Präparator aus dem Institut für Rechtsmedizin der Universität Würzburg helfen. Bei dem lag der Kämmerer in der Kühlkammer.

Dieses Gespräch eignete sich aber mit Sicherheit nicht für ein öffentliches Café. Erich Rottmann überlegte kurz, dann entschloß er sich, zu diesem Zweck nach Hause zu gehen. Dort war er mit Sicherheit ungestört und sicher vor allen Elvira Starks dieser Welt. Außerdem war es Zeit, seinem vierbeinigen Freund eine Mahlzeit zu gönnen.

Für den Mann hatte sich die Welt seit der Tat geändert. Es gab in den letzten Tagen keine einzige Minute, in der er nicht an den Toten denken mußte. Das aufgedunsene, rotverschmierte Gesicht verfolgte ihn bis in seine Träume. Sein Problem bestand darin: Er mußte weiterhin seine vielfältigen Aufgaben erfüllen, ohne sich etwas anmerken zu lassen – ein Umstand, der ihn bis an seine Belastungsgrenze brachte. Immer, wenn es an die Tür seines Büros klopfte, zuckte er zusammen. Er befürchtete, eines Tages würde die Polizei auf diese Weise Einlaß begehren.

Frau Schinkinger, die Sekretärin des Instituts für Rechtsmedizin, erkannte Erich Rottmann am Telefon sofort.

»Ja, der liebe Herr Rottmann«, tönte es aus dem Hörer. »Das ist aber schön, daß man wieder einmal Ihre Stimme hört. Ich hoffe, es geht Ihnen gut.« Der pensionierte Kommissar hatte während seiner aktiven Zeit zwangsläufig häufig im Institut zu tun gehabt.

»Man kann nicht klagen«, erwiderte Rottmann. Er mußte aufpassen, von der Dame nicht in ein längeres Gespräch verwickelt zu werden. Sein Kommunikationsbedarf war für heute gestillt. »Sagen Sie, ist Meyer zu sprechen?«

»Warten Sie mal …« Er hörte Blätter rascheln, dann fuhr die Frau fort: »Nach dem Sektionsplan müßte er im Augenblick frei sein. Ich stelle Sie mal nach hinten durch.«

Mit »nach hinten«, wußte Rottmann, war der Bereich der Sektionssäle gemeint. Meyers Refugien. Während Frau Schinkinger vermittelte, erklang eine getragene klassische Melodie.

»Meyer!«, meldete sich Sekunden später die etwas näselnde Stimme des Präparators. »Hallo, Erich. Wie ich hörte, wolltest Du mich sprechen?«

»Grüß Dich, Gottfried. Ich hätte da mal wieder ein kleines Problem …«

»Laß mich raten«, unterbrach ihn der Mann. »Haben Deine Fragen eventuell mit einem meiner stillen Gäste zu tun? Speziell einem Menschen, der zu Lebzeiten am liebsten eine Gelddruckmaschine besessen hätte?«

Rottmann atmete unhörbar, aber tief durch. An Meyers skurrilen Humor würde er sich nie richtig gewöhnen.

»Da könntest Du richtig liegen«, gab er zurück. »Hattet ihr den Mann schon in Arbeit?« Er hörte durch den Hörer ein Geräusch, offenbar war Meyer nicht mehr allein. Diese Vermutung wurde durch sein plötzlich verändertes Sprechverhalten gestützt.

»Was hältst Du davon, wenn wir uns heute abend irgendwo auf ein Glas Wein treffen? Dann können wir ein bißchen über die alten Zeiten quatschen. Du schuldest mir sowieso noch einen Schoppen.«

»Gut, dann schlage ich vor, daß wir uns um 18 Uhr in der Weinstube des *Juliusspitals* treffen.«

»Einverstanden.« Das Gespräch war beendet.

Erich Rottmann hatte mit Bedacht das *Juliusspital* ausgewählt. Durch die Bestreikung des *Maulaffenbäcks* wechselten die *Schoppenfetzer* ja zur Zeit täglich das Sitzungslokal. Heute war beispielsweise das *Bürgerspital* an der Reihe. Im *Juliusspital* würde ihm also keiner der Stammtischkollegen in die Quere kommen.

Rottmann sah auf die Uhr. Öchsle hatte während des ganzen Gesprächs vor ihm gestanden und ihn mit vorwurfsvollem Blick fixiert.

»Also, mein Freund, komm mit in die Küche, jetzt gibt's was zu Futtern.«

Der Rüde wedelte mit dem Schwanz und trippelte voraus.

Nachdem der Vierbeiner zufriedengestellt war, öffnete Rottmann den Kühlschrank und musterte den Inhalt. Eine Kleinigkeit konnte auch er vertragen. Stirnrunzelnd stellte er fest, daß zwar vier Flaschen Wein kühlgestellt waren, der Vorrat an fester Nahrung aber gewaltig zu wünschen übrig ließ.

Schließlich holte sich Rottmann eine Pfanne aus dem Schrank und schlug sich drei Eier auf. Dazu verzehrte er ein Stück angetrocknetes Franzosenbrot. Das schrie förmlich nach Befeuchtung. Abhilfe brachte hier ein Schoppen *Müller-Thurgau.*

Während er so vor sich hin mampfte, überlegte er, daß es manchmal schon gewisse Vorteile haben konnte, eine Frau im Haus zu haben. Auf der anderen Seite mußte man natürlich die Nachteile berücksichtigen. Und die, da war sich Rottmann sicher, überwogen … zumindest meistens.

Da es bis zum Treffen mit Meyer noch einige Stunden waren, beschloß der ehemalige Polizeibeamte, den versäumten Schlaf nachzuholen. Als er sich auf seiner Couch niederlegte, kam Öchsle angelaufen und legte sich daneben. Offenbar war er auch der Ansicht, daß dies eine gute Idee war.

Bevor Rottmann das Haus verließ, warf er einen Blick in den Briefkasten. Die Liste, die Klingler ihm versprochen hatte, war noch nicht eingeworfen. Hoffentlich hatte er es nicht vergessen.

Meyer wirkte außerhalb des Instituts völlig unscheinbar. Als er mit einigen Minuten Verspätung zum Treffpunkt kam, hätte ihn Rottmann, der vor dem Lokal auf ihn wartete, fast übersehen. Klein, hager, mit einem grauen Übergangsmantel bekleidet, verschwand er zwischen den Menschen wie ein Hering in seinem Schwarm.

»Servus, Erich«, grüßte er, »hab mich leider etwas verspätet. Die Straßenbahn war unpünktlich.«

»Kein Problem«, erwiderte Rottmann und gab ihm schnell die Hand. Es war sicher ungerecht, aber immer wenn Erich

Rottmann Meyer die Hand geben mußte, dachte er daran, welchen Beruf der Mann ausübte. Es kostete ihn jedesmal Überwindung. »Gehen wir rein.«

Sie setzten sich an einen Tisch in der Nähe des Eingangs. Das Lokal war um diese Tageszeit nur mäßig besetzt.

Meyer legte seinen Mantel über einen leeren Stuhl. Dabei drang eine Duftwolke Formalin an Rottmanns Nase. Diese Chemikalie, in der unter anderem auch die den Leichen entnommenen Proben konserviert wurden, hatte einen penetranten, widerlichen Geruch, den Meyers Kleidung, seine Haare und wahrscheinlich auch seine Haut resorbiert hatten. Der Ex-Kommissar bemühte sich, nicht daran zu denken.

»Such Dir ruhig einen guten Schoppen aus«, empfahl Rottmann großzügig und reichte seinem Gegenüber die Karte.

Einige Zeit vertieften sie sich in die Weinkarte. Gottfried Meyer hatte sich einen *Randersackerer Teufelskeller Silvaner Spätlese* ausgesucht, Rottmann wählte einen Bacchus. Nachdem sie beim Kellner bestellt hatten, waren sie allein.

Meyer grinste seinen Gastgeber wissend an. »Laß mich raten, Erich. Du hast Deine Kriminalernase bestimmt schon wieder in den Fall des von uns gegangenen Stadtkämmerers gesteckt.«

»Also, Gottfried, manchmal könnte man meinen, Du könntest Gedanken lesen«, gab Rottmann im gleichen lockeren Tonfall zurück.

Der Kellner schien geflogen zu sein. Jedenfalls war er bereits mit den Schoppen zurück. Gut eingeschenkt, stellte Rottmann innerlich fest und hob seinen Bacchus. »Auf Dein Wohl!«

»Auf den Spender!«

Die beiden nahmen einen genußvollen Schluck. Jeder ließ dem anderen die Zeit, die er benötigte, um dem Gaumen die Möglichkeit zu geben, den edlen Tropfen zu würdigen.

»Du hast natürlich Recht«, nahm Rottmann den Faden wieder auf. »Es wäre schön von Dir, wenn Du mir ein paar Einzelheiten über die Todesursache des Kämmerers sagen könntest. Ich gehe mal davon aus, daß Ihr ihn schon unter dem Messer hattet?«

»Was interessiert Dich das?« Meyer machte es Spaß, Rottmann etwas zappeln zu lassen. »Du weißt doch, solche Dinge fallen unter das Dienstgeheimnis.«

Erich Rottmann ballte unter dem Tisch die Faust. Laut sagte er: »Sagen wir mal so: Eine gewisse höhergestellte Person dieser Stadt hat mich um Hilfe gebeten. Sie legt Wert darauf, daß es zu keinem Skandal kommt, den die Stadt nun wirklich nicht brauchen kann. – Los, Gottfried, jetzt zicke hier nicht herum! Sag schon!«

Der Präparator blickte sich im Lokal um. Als er sicher war, daß niemand zuhörte, beugte er sich vor und berichtete mit gedämpfter Stimme: »Die Staatsanwaltschaft hat die Sache für brandeilig erklärt. Deshalb haben wir den Mann auch gleich heute früh drangenommen.« Er machte eine Pause. Rottmanns Spannung stieg. Dann fuhr er fort: »Jedenfalls hatte der Kämmerer eine Schädelfraktur, die lebensgefährlich war, daran ist er aber nicht gestorben. Die Todesursache war ein Schuß aus einem Gewehr, der auf den Mann im Liegen oder als er sich auf allen Vieren knieend befand, abgefeuert worden sein muß. Wir vermuten, daß der Täter ein sogenanntes Dumm-Dumm-Geschoß verwendet hat. Der Einschuß ist jedenfalls kalibergroß und liegt etwa auf Höhe der siebten Rippe, seitlich hinten. Der Ausschuß, der etwa diagonal gegenüber auf der Brustaußenseite liegt, ist dagegen ein riesiges Loch. Bei Dumm-Dumm-Geschossen handelt es sich in der Regel um Vollmantelgeschosse, denen man mit einer Zange die Spitze abgezwickt hat. Dadurch verlieren sie auf der Geschoßbahn ihre stabilisierende Längsrotation. Sie rotieren um mehrere Achsen. Treffen sie auf einen menschlichen Körper auf, wirbeln sie unkontrolliert darin herum und verursachen schreckliche Verletzungen. In dem Brustkorb hat es wie nach einer Explosion ausgesehen. Es gab keinen eigentlichen Schußkanal. Alles Hackfleisch. Durch diesen Schuß war er auf jeden Fall sofort hinüber.«

Obwohl Rottmann natürlich genau wußte, was ein Dumm-Dumm-Geschoß war, hatte er Meyer nicht unterbrochen.

»Habt Ihr Fragmente von dem Geschoß gefunden?«

Meyer nickte. »Es waren ein paar winzige Splitter vorhanden. Der größte Teil des Projektils ist aber wieder ausgetreten. Die Splitter reichen allerdings, um mit dem Abrieb innerhalb des Laufs der dazugehörigen Waffe verglichen zu werden. Dazu brauchen wir aber erst mal das Gewehr.«

»Habt ihr sonst etwas Auffälliges festgestellt?«

»Der Schlag auf den Kopf wurde wahrscheinlich mit einer gefüllten Weinflasche ausgeführt. In der Kopfwunde waren einige Glassplitter, außerdem waren das Gesicht und die Kleidung des Toten rot von Blut, aber auch von Wein.«

Rottmann nickte nachdenklich. Dann wollte er wissen: »Ich habe Florian Deichler vor ein paar Tagen ein paar Proben gegeben, die er untersuchen lassen sollte. Glassplitter und eine rote Substanz. Ich weiß nicht, ob er es schon zu Euch ins Institut geschickt hat. Es wäre mir wichtig, daß Du diese Proben möglichst schnell untersuchen lassen würdest. Vielleicht erlebst Du dann eine Überraschung. Könntest Du das Ergebnis erst mal mir mitteilen, bevor Du es offiziell weitergibst? Das wäre ein feiner Zug von Dir.«

Er hob sein Glas und prostete Meyer zu. Meyer hielt mit. Nachdem er seinen Schoppen wieder abgesetzt hatte, meinte er nachdenklich: »Wenn mich nicht alles täuscht, ist gestern ein Päckchen von der Kripo Würzburg eingegangen. Ich schau morgen mal nach.« Die beiden tranken noch einen zweiten Schoppen, dann verabschiedete sich Meyer. Seine Frau mochte es nicht, wenn er zu spät zum Abendessen kam.

Rottmann verließ zusammen mit ihm das Lokal. Während Meyer zur Straßenbahnhaltestelle an der Juliuspromenade eilte, marschierten Erich Rottmann und Öchsle in Richtung *Bürgerspital* zum Stammtisch. Heute abend stand wieder einmal der »Fall Maulaffenbäck« auf der Tagesordnung der *Schoppenfetzer.* Nach langer Diskussion kam man zu der Entscheidung, eine Abordnung des Stammtisches solle in den nächsten Tagen mit den Wirtsleuten reden, um ihnen in ihr fränkisches Gewissen zu reden. Es mußte ihnen einfach klar gemacht werden, welches wertvolle Traditionsgut durch die Einführung einer Gebühr für ein seit Jahrhunderten gewachsenes fränkisches Gastrecht zerstört wurde. Als Leiter und einziges Mitglied der Delegation wurde Dr. Ritter bestimmt. Er versprach, am nächsten Tag im *Maulaffenbäck* vorzusprechen.

Als der Ex-Kommissar kurz vor Mitternacht das Haus in der Rosengasse betrat, sah er es durch die Schlitze des Briefkastens hell schimmern. Er öffnete. Es fiel ihm ein weißer Umschlag ohne Absender entgegen. Auf dem Kuvert stand nur sein Name, sonst nichts.

Obwohl er die nötige Bettschwere hatte, setzte er sich in seinen Sessel und riß den Umschlag auf. Dieser enthielt kommentarlos eine Liste mit Namen und einigen Daten. Interessiert vertiefte sich Rottmann in die Aufstellung.

Als er sich etwas später ins Bett legen wollte, klingelte das Telefon. Er zögerte einen Augenblick, dann griff er doch nach dem Hörer. Vielleicht war es Klingler, der ihm zur Liste noch etwas erklären wollte.

Als er die Stimme erkannte, drehte er die Augen hilfesuchend zur Decke.

»Guten Abend, Erich.« Elvira Starks Stimme klang ausgesprochen angespannt, um nicht zu sagen wütend. »Stimmt das, daß Dr. Naumann ermordet wurde?«

»Woher hast Du das?«

»Als ich heute abend im Rathaus die Damentoilette reinigte, hörte ich die Unterhaltung zweier Stadträtinnen. Sie haben über den schrecklichen Tod von Dr. Naumann gesprochen. Mir ist fast der Schrubber aus der Hand gefallen. Ist das wirklich wahr? Und Du hast das die ganze Zeit gewußt und sagst mir kein Wort?« Sie atmete tief durch. »Hast Du schon mal was von Vertrauen gehört? Ich habe dich bis jetzt bei jedem Deiner Fälle unterstützt …« Sie verstummte. Ihr beleidigtes Ego quoll regelrecht aus dem Hörer.

Rottmann rieb sich mit der Hand über das Gesicht. Was sollte er machen? Morgen früh würde es sowieso in der Zeitung stehen.

»Ja, es stimmt. Aber die Tat sollte unter allen Umständen geheim gehalten werden. Es könnte sein, daß der Täter im Bereich des Rathauses zu suchen ist. Tut mir leid, aber das war nicht persönlich gemeint.«

Sehr überzeugend klang das alles nicht. »Wir können uns ja morgen treffen und uns darüber unterhalten. Diesmal lade ich Dich auf einen Kaffee ein. Ich rufe Dich an. Sei mir nicht böse, aber ich bin wirklich ziemlich erschlagen.«

»Eines muß ich Dir noch sagen. Weil ich ja mit meinen Wissen nicht hinter dem Berg halte. Die beiden Stadträtinnen haben gesagt, daß Dr. Naumann ein Verhältnis mit Nikki Feen, der ehemaligen deutschen Weinkönigin gehabt haben soll. Da soll es in der letzten Zeit angeblich ziemliche Streitereien gegeben haben.«

Erich Rottmann verstand zwar nicht ganz, was das mit seinem Fall zu tun haben sollte, nahm die Information aber zur Kenntnis, bedankte sich bei Elvira und wünschte ihr eine gute Nacht. Dann legte er auf.

Nikki Feen. Eine ausgesprochen hübsche Repräsentantin des Frankenweins. Wer kannte sie in Würzburg nicht? Selbst dem überzeugten Junggesellen Rottmann waren die äußeren Vorzüge der Weinkönigin aufgefallen.

Aber mit derartigen Gedanken würde er sich morgen wieder auseinandersetzen. Er hatte den zweiten Fuß noch nicht im Bett, als er auch schon schlief.

Der Mann wußte selbstverständlich, daß die Polizei die Möglichkeit hatte, mit Hilfe des Projektils die Waffe bestimmen zu können, aus der der Schuß abgefeuert worden war. Er war sich aber recht sicher, daß das Projektil den Körper des Mannes durchschlagen hatte und irgendwo im Erdreich verschwunden war. Unauffindbar. Trotz seiner Nervenanspannung empfand er aber ein gewisses Gefühl des Stolzes, einen geradezu genialen Plan entwickelt zu haben, der es den Ermittlungsbehörden unmöglich machen würde, das Versteck der Waffe zu finden. Kein Polizeibeamter würde auf die Idee kommen, das Gewehr an dieser Stelle zu suchen. Er hoffte darauf, daß mit der Zeit Gras über die Sache wachsen würde. Erst in der letzten Zeit waren wiederholt Bericht durch die Medien gegangen, in denen dargestellt wurde, daß in Deutschland jedes Jahr zahlreiche Todesfälle nicht als Morde erkannt wurden. Er hatte der Statistik einen weiteren hinzugefügt.

Elvira Stark war wirklich ernsthaft in ihrer Ehre beleidigt. Das hatte Erich Rottmann als Erinnerung an das gestrige Telefonat mit in den neuen Tag genommen. Sie hatte ja nicht Unrecht. Bis jetzt hatte er sich immer auf sie verlassen können. Daran hatte der Ex-Kommissar ja auch nichts auszusetzen. Lediglich ihre

Neigung, ihre Hilfe mit gewissen Avancen zu verknüpfen, verschreckten ihn nun mal.

Noch vor dem Gassigehen mit Öchsle gab er sich deshalb einen Ruck und rief Elvira an. Zuvor hatte er sich davon überzeugt, daß der Todesfall des Würzburger Stadtkämmerers heute groß in der Zeitung stand. Insofern gab es also nichts mehr geheimzuhalten.

Da Elvira in Heidingsfeld wohnte, verabredete er sich mit ihr wegen der günstigen Straßenbahnverbindung zum *Sanderring* zum Frühstück im *Haupeltshofer*. Geschlechtstypisch taktisch zierte sich Elvira etwas, dann gab sie nach.

Rottmann und Öchsle waren schon vor ihr im Café. Zum Erstaunen der Bedienung verkündete Rottmann, daß er mit seinem Frühstück noch etwas warten wolle, weil er eine Dame erwarte. In Rottmanns *Haupeltshofer*-Historie ein absolutes Novum.

Die Wartezeit überbrückte Rottmann, indem er sich die Zeitung vornahm und den Artikel, der auf der Titelseite groß aufgemacht war, studierte. Die Berichterstatterin schilderte lediglich die bekanntgewordenen Fakten, die ihr der Sprecher der Staatanwaltschaft, Oberstaatsanwalt Carl Calchert, mitgeteilt hatte. Viel war es nicht, da man wegen des laufenden Ermittlungsverfahrens keine Details mitteilen konnte. Die Journalistin ließ sich breit über den makabren Fundort der Leiche aus, hielt sich aber mit Spekulationen zum Tatmotiv zurück. Sie versprach ihren Lesern allerdings weitere Recherchen zu den Hintergründen des gewaltsamen Todes.

Elvira war pünktlich. Sie zeigte zwar immer noch eine gewisse Reserviertheit, Rottmann merkte aber, daß dies ihre Taktik war.

»Setz Dich. Was kann ich Dir bestellen?« Rottmann zeigte sich von seiner besten Seite.

Elvira nutzte die Gunst der Stunde und fragte: »Hier, das Frühstück für zwei Personen. Nehmen wir das?«

Junggeselle Erich, der die Betonung solcher Zweisamkeit gerne umging, nickte, knirschte innerlich aber mit den Zähnen.

Nachdem die Bestellung aufgegeben war – Rottmann hätte schwören können, die Bedienung ließ sich dabei besonders viel Zeit, um Elvira gründlich mustern zu können –, kam sein Gast direkt zur Sache.

»Also, Erich, ich muß Dir schon sagen, es hat mich ganz schön gefuchst, als ich auf diese Weise von dem Fall erfuhr. Jetzt erwarte ich aber schon, daß Du mir ein paar Einzelheiten erzählst, die heute nicht in der Zeitung stehen.«

Erich Rottmann wußte, daß er jetzt zumindest ein bißchen Farbe bekennen mußte. »Tja, das hast Du ja mitbekommen, daß mich die Oberbürgermeisterin einbestellt hat. Da war vom Tod des Kämmerers noch nichts bekannt. Es ging eigentlich nur darum, herauszufinden, wo er sich aufhielt, weil er nicht im Amt erschienen war.«

»Weil einer mal nicht zur Arbeit kommt, muß man doch nicht gleich einen Privatermittler einschalten«, konterte Elvira.

»Stimmt. Aber im Rathaus gab es den Verdacht von Unregelmäßigkeiten finanzieller Art. Und das, im Zusammenhang mit dem Nichterscheinen des Kämmerers, beunruhigte Dr. Beckstein-Mannfeld. Deshalb habe ich mich ein wenig umgehört.«

Das Frühstück kam, und die beiden hatte alle Hände voll zu tun, auf dem Tisch für den Brotkorb und die zahlreichen Teller und Platten Platz zu schaffen. Zum Frühstück gehörten zwei Gläser Prosecco. Elvira hob das ihre und prostete Erich Rottmann zu. »Auf den neuen Fall!«

Kommentarlos prostete Rottmann zurück. Es wäre jetzt nicht geschickt gewesen, seiner ehemaligen Jugendfreundin zu widersprechen. Nachdem sie einige Zeit dem reichlichen Frühstück zugesprochen hatten, meinte Elvira plötzlich: »Erich, mein weiblicher Instinkt sagt mir, die Sache hat nichts mit irgendwelchen Geldgeschichten im Rathaus zu tun.«

»Aha«, wunderte sich Rottmann. Weiblicher Instinkt als kriminalistische Ermittlungsbasis war ihm bisher kein Begriff.

»Ja«, fuhr sie fort, »ich tippe eher auf eine Eifersuchtsgeschichte. So, wie die beiden sich auf der Toilette ausgelassen haben, klang es, als wäre unser Herr Stadtkämmerer nicht nur an den Finanzen der Stadt interessiert gewesen. Verstehst du, Frauen haben die Fähigkeit, Botschaften so zu verschlüsseln, daß wiederum nur Frauen sie verstehen.«

Rottmann runzelte die Stirn. Er hatte gerade mehrere Scheiben Lachs mit Meerrettich auf ein Brötchen drapiert und konzentrierte sich nun darauf, dieses Teil ohne größere Verschmutzung seines Bartes in den Mund zu bekommen.

Elvira erwartete gar keine Antwort. »Diese beiden haben sich auf diese subtile Weise mitgeteilt, daß Dr. Naumann ihrer Meinung nach ein ziemlicher Filou war. Nikki Feen scheint danach nur eine unter mehreren gewesen zu sein.«

Jetzt hatte Rottmann doch Meerrettich im Bart.

Seine Tischgenossin erörterte während des Frühstücks noch einige Zeit die möglichen Tatmotive, die sich aus einer solchen Lebenseinstellung ergeben konnten, da klingelte Rottmanns Handy. Er entschuldigte sich, dann nahm er das Gespräch an. Es war Gottfried Meyer aus der Rechtsmedizin.

»Einen Moment bitte«, gab Rottmann zurück, ehe Meyer loslegen konnte.

»Ich gehe mal kurz nach draußen«, erklärte Rottmann Elvira, »hier drinnen ist es ziemlich laut.«

Man konnte Elvira Stark ansehen, daß es ihr natürlich lieber gewesen wäre, wenn Rottmann im Café telefoniert hätte.

Sie war überzeugt, der Anruf hatte mit Rottmanns derzeitigen Ermittlungen zu tun. Aber der Ex-Polizist war schon auf dem Weg nach draußen.

»Entschuldige. Aber ich konnte nicht reden«, erklärte er Meyer die Wartezeit.

»Habe ich mir fast gedacht. – Also, hör zu. Ich habe nicht so viel Zeit. Die Proben, die uns die Polizei geschickt hat, sind teilweise Blut, menschliches Blut, und teilweise Wein, Rotwein. Sorte haben wir noch nicht bestimmt. Das Blut ist sowohl nach der Blutgruppe, als auch nach dem Rhesusfaktor mit dem von Naumann identisch. Eine genetische Bestimmung haben wir bis jetzt allerdings noch nicht vorgenommen.

Das Glas der Scherben könnte dasselbe sein wie der Glassplitter in der Kopfwunde des Opfers. Aber auch das müßte man erst genauer untersuchen. Der Bericht geht in den nächsten Tagen zusammen mit dem Sektionsprotokoll an das Morddezernat.«

Rottmann bedankte sich. »Damit hast Du mir wirklich sehr geholfen.«

»Weiß ich doch«, erwiderte Meyer.

Rottmann war so nachdenklich, als er in das Café zurückging, daß er fast die Bedienung über den Haufen gerannt hätte.

»Du siehst aus, als hätte Dir Dein Steuerberater gerade mitgeteilt, Deine Aktien hätten sich verdoppelt.« Elvira mußte sich gewaltsam zurückhalten, keine neugierigen Fragen zu stellen. Sie hatte keinen Zweifel daran, Erich Rottmann hatte soeben erfreuliche Nachrichten erhalten.

»Elvira, sei mir bitte nicht böse, aber ich muß jetzt wirklich dringend weg. Ich verspreche Dir, daß ich Dich auf dem laufenden halten werde.«

Elvira Stark hatte ein Gefühl dafür, wann sie sich zurückhalten mußte. Ein solcher Moment war jetzt eingetreten.

Immerhin hatte sie Rottmann eine gute Stunde für sich alleingehabt und jede Menge Neuigkeiten erfahren. Das war mehr, als sie erwartet hatte.

Erich Rottmann marschierte zum Tresen und bezahlte die Rechnung, dann eilte er hinaus. Noch während er mit Meyer telefoniert hatte, war ihm ein Gedanke gekommen, den er jetzt in die Realität umsetzen wollte. Dazu brauchte er aber Hilfe. Und er wußte auch schon, woher er sie bekommen würde.

Johannes Kittel, in der Szene nur Jonny genannt, den Besitzer des Militaria-Ladens in der *Haugerpfarrgasse,* kannte Rottmann schon seit vielen Jahren. Der Mann war während Rottmanns aktiver Zeit einmal in einen Fall verwickelt gewesen. Damals war er längere Zeit als Täter in einer Mordsache in Frage gekommen. Rottmann hatte er es zu verdanken, daß der Verdacht von ihm abgewendet werden konnte. Seitdem fühlte er sich dem Ex-Kommissar verpflichtet. Erich Rottmann hatte davon niemals in irgendeiner Form Gebrauch gemacht. Jetzt war er aber an einem Punkt angekommen, wo er die spezielle Hilfe dieses Mannes benötigte. Er stieg in die nächste Straßenbahn und fuhr zur *Juliuspromenade.*

Jonny Kittel bekam große Augen, als er Rottmann in seinen Laden marschieren sah. Das Geschäft war vollgestopft mit teilweise ausgemustertem, teilweise neuem Militärequipment aller Art.

»Jonny, grüß Dich Gott«, grüßte Rottmann und trat vor die Ladentheke, unter deren gläserner Abdeckung verschiedenartige Messer, Kompasse und anderer Kleinkram ausgestellt war. Öchsle beschäftigte sich unterdessen mit einem Packen gelagerter Militärschlafsäcke.

»Grüß Gott, Herr Kommissar.« Jonny Kittel betrieb in Sekundenschnelle Gewissenserforschung, konnte aber nichts feststellen, was eine Gegenwart Rottmanns begründet hätte. »Was kann ich für Sie tun?«

»Den Kommissar kannst Du weglassen. Ich bin nicht mehr im Dienst. Trotzdem kannst Du etwas für mich tun, Jonny«, erwiderte Rottmann. »Ich habe da ein kleines Problem. – Du hast doch sicher in deinem Sortiment Metalldetektoren?«

Kittel nickte verwundert. »Ja, sicher. Es gibt immer wieder Leute, die solche Dinger kaufen.«

»Prima«, freute sich Erich Rottmann. »Ist es möglich, daß ich mir mal so ein Gerät ausleihe? Angeblich soll man mit diesen Detektoren auch die kleinsten Metallstücke finden.«

»Stimmt«, gab Kittel eifrig zurück. »Es gibt Menschen, die suchen damit vergrabene Schätze. Historische Münzen zum Beispiel.«

»Das ist genau das, was ich brauche. Wenn ich mir das Teil nachher holen würde, könnte ich es Dir noch vor Ladenschluß wieder zurückgeben. Meinst Du, das wäre möglich?«

Jonny Kittel überlegte keinen Augenblick. »Für Sie immer, Herr Kommissar.« Für ihn würde Rottmann immer der Kommissar bleiben.

»Gut, dann werde ich jetzt mit der Straba nach Hause fahren und mein Auto holen. Das Gerät paßt doch sicher in einen VW-Käfer? Ich hoffe, es ist nicht so schwer zu bedienen.«

»Kein Problem. Ich mache ihnen zwischenzeitlich einen Detektor zurecht. Die Handhabung ist wirklich kinderleicht. Fünf Minuten, dann können Sie damit umgehen.«

Erich Rottmann bedankte sich bei Kittel, dann verließ er den Laden.

Sein alter VW-Käfer stand wie geleckt in der Garage. Rottmann ließ Öchsle einsteigen. Er fuhr nur noch selten mit dem Wagen, trotzdem war dieser sehr gepflegt und sprang sofort an. Vorsichtig manövrierte er das Kultauto rückwärts aus der Garage. Fünfzehn Minuten später parkte er vor Kittels Laden. Öchsle blieb ihm Wagen.

Kittel erklärte dem Ex-Polizisten kurz den Gebrauch des Detektors, dann lud Rottmann das Gerät auf die Rückbank und fuhr los. Sein Ziel war der Schützenhof.

Eine halbe Stunde später wunderten sich einige Besucher des Berggasthofes über einen älteren Herrn mit Hund, der mit Kopfhörern auf dem Kopf, dabei einen seltsamen Apparat über den Boden schwenkend, über eine Wiese marschierte. Ein Gast meinte gar, ein Minensuchgerät zu erkennen.

Rottmann ließ sich durch die Neugierde der Menschen nicht ablenken. Da sich das Gras mittlerweile schon wieder weitgehend aufgerichtet hatte, war es nicht ganz einfach, die bewußte Stelle auf der Wiese wiederzufinden. Öchsle war ihm dabei eine große Hilfe. Der Rüde fand die Grashalme wieder, die noch immer mit Blut behaftet waren.

»An Dir ist wirklich ein Polizeihund verlorengegangen«, lobte Rottmann seinen Vierbeiner, dann stülpte er sich die Kopfhörer über, schaltete das Metallsuchgerät ein und schwenkte den tellerartigen Sensor über die Erde.

Nach einigen Schritten piepste es im Kopfhörer bereits los. Rottmann beugte sich über den Boden und teilte die Grashalme. Er hatte einen alten Kaffeelöffel gefunden. Wußte der Himmel, wie der dorthin gekommen war. Rottmann steckte ihn ein, dann suchte er weiter. Der nächste Fund war ein Kronkorken, der dritte der Deckel einer Konservendose. Es war schon erstaunlich, was die Menschen in der Natur entsorgten.

Rottmann blieb stehen und versuchte, sich noch einmal die Liegestelle ins Gedächtnis zu rufen. Wenn die Angaben Meyers stimmten, hatte das Geschoß Naumann schräg getroffen und den Körper fast diagonal wieder verlassen. Das Projektil mußte ein Stück neben der Liegestelle in den Boden eingeschlagen sein. Er setzte den Detektor erneut an. Plötzlich piepste das Gerät wieder. Als Rottmann nachsah, konnte er auf der Oberfläche nichts entdecken. Er merkte sich die Stelle und legte das Suchgerät neben sich ins Gras. Dann zog er sein Taschenmesser heraus, kniete sich nieder und begann vorsichtig zu graben.

Er war fast schon zehn Zentimeter in das Erdreich eingedrungen, als er plötzlich etwas metallisch hell blinken sah. Wenig später legte Rottmann ein zylindrisches Metallstück in der Größe eines Fingergliedes frei. An der konisch zulaufenden Spitze war es etwas deformiert. Selbst mit bloßem Auge konnte man die Riefen erkennen, die der Gewehrlauf auf dem Projektil hinterlassen hatte, als es mit beinahe Schallgeschwindigkeit hindurchgerast war, um am Ende seiner Flugbahn einen menschlichen Körper zu durchschlagen.

»Ja, wer sagt's denn«, brummelte der ehemalige Chefermittler und erhob sich. Diesmal war er vorbereitet. Er holte eine kleine Plastiktüte aus seiner Jackentasche und ließ das wertvolle Beweisstück hineinfallen. Jetzt mußte er nur noch die Waffe finden, aus der das Geschoß abgefeuert worden war – und natürlich den, der den Abzug betätigt hatte.

Rottmann steckte die Tüte in seine Brusttasche, dann beförderte er das Metallsuchgerät in seinen VW zurück.

»Öchsle, was meinst Du? Einen kleinen Federweißen können wir uns wohl gönnen, oder nicht?« Nachdem der Rüde zustimmend wedelte, nahm Rottmann Kurs auf den *Schützenhof*.

Der *Terrier* in ihm knurrte zufrieden. Endlich hatte er eine heiße Spur gefunden. Nichts würde ihn davon abhalten, sie bis zum Ende zu verfolgen.

Als Erich Rottmann zwei Stunden später das Büro von Florian Deichler betrat, war Erster Kriminalhauptkommissar Krämer gerade dabei, seinem Mitarbeiter etwas zu erklären. Seine Augenbrauen schnellten ungehalten in die Höhe, als er seinen Vorgänger erkannte.

»Na, Herr Rottmann, haben wir wohl etwas Langeweile?« Seine Stimme triefte vor Sarkasmus.

»Kann nicht klagen, Herr Krämer«, gab Rottmann zurück. »Wollte nur einmal sehen, ob hier auch ordentlich gearbeitet wird.«

Krämer, der solche Scherze absolut nicht verstand, zog eine Miene, als wäre er soeben in eine Hundehinterlassenschaft getreten. »Da machen Sie sich mal keine Sorgen. Unsere Effizienz hat sich seit Ihrem Ausscheiden deutlich gesteigert. – Übrigens, Sie wissen doch, daß man in Ämtergebäude keine Hunde mitbringen darf.«

Erich Rottmann überhörte diese Frechheit ganz einfach. Er schnappte sich einen leeren Stuhl und ließ sich darauf niederfallen. Die Grimasse, die ihm Deichler zuwarf, ignorierte er.

»Lieber Krämer, ich bin zuversichtlich, Sie werden den Laden hier sicher irgendwann in den Griff bekommen. Bis dahin müssen Sie sich damit abfinden, daß ich gelegentlich mal hier hereinschaue. Wenn es ihnen nicht gefällt, können Sie sich ja beim Polizeidirektor beschweren. Ich vermute mal, dort steht sowieso schon ein Stuhl mit ihrem Namen drauf. Haben Sie eigentlich noch ein eigenes Büro?«

Das war für Krämer zuviel. Mit einem heiseren Laut eilte er zur Tür und schlug sie mit einem Knall zu. Öchsle ließ ein erbostes Bellen hören.

»Uff«, stöhnte Deichler, »das war aber starker Tobak. Das vergißt er Dir nie!«

»Der kann mich mal … Ich kann auch scharf schießen, wenn ich will.« Rottmann griff in seine Innentasche, holte die Tüte mit dem Projektil heraus und hielt sie seinem ehemaligen

Kollegen hin. »In Sachen Dr. Naumann. Ich weiß nicht, wie weit Ihr mit euren Ermittlungen seid. Jedenfalls wurde Naumann nach meinen Erkenntnissen das letzte Mal lebend bei einer Besprechung mit führenden Mitgliedern der Rathausregierung auf dem Schützenhof gesehen. Du kannst dich an die Spuren erinnern, die ich Dir gegeben habe? Du hast sie dankenswerter Weise an die Rechtsmedizin geschickt. Dort hat man die Proben mit dem Blut von Naumanns Leiche verglichen. Es ist mit höchster Wahrscheinlichkeit identisch. Daraufhin habe ich heute mit einem Metallsuchgerät die Stelle abgesucht, wo ich diese Spuren sichergestellt habe. Dabei habe ich dieses Geschoß gefunden. Meyer, der Präparator der Rechtsmedizin, hat mir erzählt, im Körper von Naumann seien Geschoßsplitter gefunden worden. Du solltest sie schleunigst untersuchen lassen. Ich wette den Ertrag eines ganzen Weinbergs, Dr. Naumann wurde oben auf dem Schützenhof mit diesem Projektil erschossen.«

Deichler konnte nur noch den Kopf schütteln. »Erich, Du kannst es wirklich nicht lassen. Wenn Krämer herausfindet, daß ich Deine Aktionen unterstütze, kann ich bald wieder auf Streife gehen.«

»Quatsch«, gab Rottmann energisch zurück. »Du mußt es nur so hindrehen, daß er am Ende den Fall löst. Dann steht er in der Presse, und er kann beim Polizeidirektor glänzen. Du mußt nur auf ihn aufpassen, damit er nicht vorher auf seiner eigenen Schleimspur ausrutscht und sich das Genick bricht.«

Erich Rottmann zog seine Pfeife aus der Tasche und grinste Deichler verschmitzt an. »So, nachdem ich nun eure Arbeit gemacht habe, werde ich mir wieder mal einen Schoppen gönnen. Schließlich ist der Mensch keine Maschine.«

Er erhob sich und marschierte mit Öchsle in Richtung Tür. Dort drehte er sich noch einmal um. »Ach, würdest Du bitte so nett sein und mich wissen lassen, um was für eine Waffe es sich handelt? Wäre wirklich ein feiner Zug von Dir.« Er winkte und verließ das Büro. Der Duft seines Pfeifentabaks blieb im Raum zurück.

Deichler sah seinem ehemaligen Vorgesetzten mit einem Anflug von Melancholie hinter. Es war eine Schande, solche Spitzenleute wie Rottmann in den Ruhestand schicken zu müssen.

Der Mann traf sich mit Nikki Feen in der Pizzeria *La Piccola* an der *Balthasar-Neumann-Promenade.* Er hatte bewußt ein Lokal ausgesucht, das nicht im Zentrum lag und daher außerhalb der Mittagszeit nicht so stark besucht war. Außerdem konnte er dort relativ sicher sein, daß sich niemand für ihn interessierte. Er wußte, die junge Frau suchte im Augenblick noch nicht so gerne öffentliche Lokale auf. Als Deutsche Weinkönigin war ihr Gesicht fast täglich in allen möglichen Medien erschienen. Sie hatte das Amt zwar vor einiger Zeit an ihre Nachfolgerin übergeben, trotzdem war sie noch immer recht populär. Das Gespräch, das die beiden führen wollten, vertrug keine Öffentlichkeit. Deshalb hatte der Mann ausdrücklich zwei Plätze in der hinteren Nische des Lokals reserviert, die man vom restlichen Gastraum aus kaum einsehen konnte.

Der Mann war schon einige Minuten vor der verabredeten Zeit da. Nikki war pünktlich. Sie trug eine Mütze, so daß man ihr Gesicht nicht erkennen konnte.

Sie begrüßten sich mit Handschlag. Der Körpersprache der jungen Frau konnte man eine gewisse Unsicherheit entnehmen.

»Was möchtest Du trinken?«, fragte er und reichte ihr die Speisekarte.

»Für mich bitte nur ein Wasser«, erwiderte sie. Ihre volle Stimme hatte einen natürlichen, erotischen Klang, mit der sie alle Menschen, die mit ihr während ihrer Amtszeit zu tun hatten, verzaubert hatte.

Er verspürte ein fast schmerzhaftes Stechen in der Herzgegend.

Er entschied sich für eine Weinschorle, dann gab er die Bestellung beim Kellner auf, der Nikki mit auslassenden Blicken musterte. Sie achtete nicht darauf.

»Ich danke Dir, daß Du Dir die Zeit genommen hast, Dich mit mir zu treffen«, begann er das Gespräch. »Meines Erachtens ist es dringend erforderlich, einige Dinge zwischen uns zu klären.« Er machte eine Pause, um sich zu sammeln. Seine Stimme zitterte vor verhaltener Erregung. Die Dinge hatten sich in den letzten Tagen derart zugespitzt, daß dieses Gespräch notwendig war.

Der Kellner brachte die Getränke.

Danach redete er lange Zeit auf sie ein.

Sie hörte ihm einige Zeit ruhig zu, dann gab sie ihm eine klare Antwort, stand auf und verließ die Pizzeria.

Er starrte lange Zeit auf den Platz, auf dem sie gesessen hatte. Dann trank er sein Glas aus, bezahlte die Rechnung und verließ die Pizzeria. Etwas verloren lief er über die *Balthasar-Neumann-Promenade* in Richtung *Residenzplatz*. Dort parkte sein Auto.

»Die Wirtsleute zeigten sich anfänglich ziemlich uneinsichtig. Aber dann habe ich an ihr fränkisches Gewissen appelliert. Habe ihnen klar gemacht, was es bedeutet, diese alte Tradition der kostenlosen Bereitstellung eines Brotzeitgedecks zu pflegen. Natürlich habe ich auch darauf hingewiesen, daß wir, die *Schoppenfetzer*, doch jede Woche einige Euros bei ihnen lassen.«

Die *Schoppenfetzer* trafen sich heute Abend in der *Martinsklause* in der *Martinstraße*, in der Nähe des *Lusamgärtchens*, und Dr. Ritter referierte seinen Stammtischbrüder das Ergebnis seiner Unterredung mit den Wirtsleuten des *Maulaffenbäcks* über die Rücknahme der Gedeckgebühr. »Sie haben mir dann nochmals angeboten, nur für den Stammtisch die Gebühr zurückzunehmen. Das habe ich zwar als erfreuliche Geste bezeichnet, sie jedoch darauf hingewiesen, uns sei an einer generellen Herstellung des früheren Zustandes gelegen. Im Interesse der Stadt und der Tradition.«

Er nahm einen kräftigen Schluck von seinem Riesling. »Ihr werdet es nicht glauben, Herrschaften, aber sie haben schließlich nachgegeben. – Ab morgen gelten wieder die alten Regeln!«

Beifall und zustimmende Rufe aus der Runde begleiteten diese Aussage.

»Dann würde ich sagen, ab morgen treffen wir uns wieder in unserem alten Stammlokal«, rief Marschmann. Die Zustimmung war einstimmig. Das Vagabundieren durch die Weinlokale der Stadt war zwar interessant gewesen, aber es ging doch nichts über eine feste Stammtischheimat.

»Sag mal, Erich«, fragte der neben Rottmann sitzende Ron Steiner, »was ich Dich schon die ganze Zeit mal fragen wollte: Ich habe Dich neulich zu einer Zeit ins Rathaus gehen sehen, als die offizielle Bürozeit schon lange vorüber war. Was macht man um diese Zeit in dieser Behörde?«

Zum Glück hatte Ron Steiner schon etwas tiefer ins Glas geblickt und achtete nicht mehr so genau auf die Reaktion seines Gesprächspartners. Sonst hätte er bemerkt, daß über die Miene des pensionierten Polizeibeamten eine gewisse Unsicherheit huschte.

»Ach, das ... Ja, weißt Du, da hat ein alter Bekannter aus dem Ordnungsamt sein vierzigjähriges Dienstjubiläum gefeiert und nach Dienstschluß noch einen ausgegeben. Er hatte mich dazu eingeladen.«

Ron Steiner gab sich mit dieser Erklärung zufrieden.

Der Abend wurde noch lange und feuchtfröhlich, schließlich war es eine regelrechte Siegesfeier.

Den nächsten Tag widmete Erich Rottmann seiner Regeneration. Er hatte sich vorgenommen, sich außer zu Öchsles Zwangsspaziergängen nicht aus dem Haus zu bewegen. Das Wetter paßte zu diesem Entschluß wie die Faust aufs Auge: Es regnete in Strömen. Außerdem wollte er bis zum Abend, wenn der erste Besuch des *Maulaffenbäcks* nach der zurückgenommen Schandgebühr anstand, wieder fit sein.

Als es an der Tür klingelte, war es kurz nach ein Uhr. Rottmann hatte Öchsle Gassi geführt und bereitete ihm gerade sein Futter zu.

»Wer ist denn das?«, brummte er verwundert. Besuch zu bekommen war für ihn nicht gerade alltäglich.

»Ach, Erich, schön, daß Du zuhause bist«, freute sich Elvira Stark, als Erich Rottmann langsam die Haustür öffnete. »Du hast doch sicher nichts dagegen, wenn ich kurz bei Dir reinschaue. Es regnet draußen gerade Kühbatzen, da dachte ich, schaust Du mal bei Erich vorbei. Der freut sich bestimmt.« Sprach's und war schon in der Wohnung. Ohne viel Federlesens drückte sie Rottmann ihren triefenden Regenschirm in die Hand. »Am besten legst Du ihn in die Badewanne.« Dann zog sie schwungvoll ihren nassen Mantel aus und reichte auch diesen Rottmann.

»Na, Öchsle, mein kleiner Freund«, schmeichelte sie dem Hund, der ähnlich wie sein Herrchen etwas verdattert herumstand. Hoffentlich vergaß sein Mensch jetzt nicht, ihm das Futter zuzubereiten. Immer wenn dieser andere Mensch in der Nähe war, witterte er bei seinem Menschen einen deutlichen Adrenalinstoß, was bei seinem Herrn relativ selten vorkam.

»Du erlaubst doch, daß ich mich setze?« Elvira ließ sich auf Rottmanns Sofa nieder, wobei sie es sich nicht verkneifen konnte, ganz beiläufig die Kissen aufzuschütteln und ordentlich hinzustellen, die von seinem letzten Mittagsschlaf noch zerknüllt auf einem Haufen lagen.

»Erich, was hältst Du von einem schönen Käffchen?«

»Hm. Gerne. Ich habe aber leider nur Pulverkaffee.«

Ein leichtes Zucken der Augenbrauen war die einzige Reaktion auf diese wenig verheißungsvolle Aussicht. »Ist nicht weiter tragisch, ist ja schließlich auch Kaffee«, lächelte sie. »Soll ich Dir in der Küche helfen?«

Rottmann wollte gerade eine verbale Abwehr formulieren, die sie nicht beleidigte, da war sie auch schon auf dem Weg in die Küche. Rottmann schlug innerlich die Hände über den Kopf zusammen. Aus irgendwelchen Gründen war er in den letzten Tagen nicht zum Spülen des Geschirrs gekommen. Die Küche war ziemlich verdreckt.

Elvira Stark betrat den Raum und blieb wie angewurzelt stehen. »Man merkt halt gleich, hier fehlt die ordnende Hand einer Frau«, konnte sie sich nicht verkneifen anzumerken. Der Satz war ihr noch nicht richtig über die Lippen gekommen, als sie ihn auch schon bereute. Elvira, daß Du aber Deinen vorwitzigen Schnabel nicht halten kannst, schimpfte sie mit sich selbst. An Rottmanns Miene konnte sie sehen, wie unangenehm ihm diese Situation war.

»Aber tröste Dich, bei mir zu Hause sieht es auch nicht immer wie geleckt aus, zumal wenn ich weiß, daß niemand zu Besuch kommt.« Ihr Versuch diesen Fehltritt in den berühmten Fettnapf wieder gutzumachen, fiel etwas dürftig aus.

Sie schnappte sich den elektrischen Wasserkocher, füllte ihn und schaltete ihn ein. Während der Kocher langsam sein summendes Geräusch entwickelte, marschierte sie zu ihrer

Einkaufstasche zurück und zog eine Bäckertüte heraus. »Du siehst, ich lade mich nicht nur ein. Magst Du Apfeltaschen?«

Sie öffnete die Tüte, hielt sie schräg und ließ Rottmann hineinsehen.

»Sicher.« Die Antwort war knapp. Er hatte die Peinlichkeit noch nicht ganz überwunden. Unterfränkische Männer haben, so rauh ihre Schale auch erscheinen mag, auf bestimmten Gebieten eine höchst empfindsame Seele, die leicht verwundbar ist.

Es gab noch einigen Erklärungsbedarf wegen der Tassen, des Zuckers und der Kuchenteller. Rottmann hätte die Apfeltaschen über der blanken Tischplatte gegessen, um dann die Brösel Öchsle in den Napf zu werfen. Elvira bestand auf Geschirr, das man dann natürlich irgendwann einmal abwaschen mußte. Frauen waren manchmal fürchterlich unpraktisch.

Schließlich hatten sie es geschafft und saßen einmütig am Wohnzimmertisch vor zwei dampfenden Tassen.

»Erich, wie Du Dir vielleicht vorstellen kannst, habe ich Dich natürlich nicht nur wegen des Kaffees besucht. Nachdem ich das Gespräch auf der Rathaustoilette mitgehört hatte, habe ich mich in der Führungsetage des Rathauses einmal gezielt umgehört.« Sie schlürfte einen kleinen Schluck vom heißen Kaffee. »Es ist doch immer wieder interessant, was man in ganz beiläufigen Gesprächen während des Putzens erfährt.«

Rottmann machte keine Anstalten, sie zum Weiterreden aufzufordern. Er war sich absolut sicher, Elvira Stark war an dieser Stelle nicht mehr zu stoppen. So gab er sich den Anschein des aufmerksamen Zuhörers.

»Du kannst Dir vorstellen, der Tod des Stadtkämmerers ist im Rathaus in aller Munde. Es gibt sogar Leute, die behaupten, er sei gar nicht tot, sondern habe seinen Tod nur inszeniert, um seine Flucht tarnen zu können.«

»… und wer, bitte, soll dann draußen in der Rechtsmedizin liegen? Ich selbst habe die Leiche gesehen. Es war eindeutig Dr. Naumann.«

»Ich erzähle Dir nur, was die Leute im Rathaus munkeln.«

Rottmann schüttelte nur den Kopf.

»Meine Meinung kennst Du ja schon. Ich bin mir ziemlich sicher, daß es sich bei der Sache um eine Eifersuchtsangelegenheit handelt. Verschiedene Bedienstete im Rathaus haben mir bestätigt, daß Nikki Feen mehrere heißblütige Verehrer unter den Herren Spitzenpolitikern hat. Nimm doch nur einmal unseren zweiten Bürgermeister, Andy Farmer. Die ganze Zeit hat er sich in seiner Haut völlig wohlgefühlt. Seine Sekretärin hat mir erzählt, jetzt würde er seit einiger Zeit zu den *Weight-Watchern* gehen, um sein Gewicht zu reduzieren. Angeblich aus gesundheitlichen Gründen. Seine Sekretärin hat mir aber unter dem Siegel der Verschwiegenheit gesagt, er habe diesen Spleen seit einer bestimmten Weinprobe. Bei dieser Probe war er neben Nikki Feen gesessen. Sie hat ihn angeblich wissen lassen, sie fände Männer mit starkem Übergewicht unerotisch. Farmer hat ein Bild von Nikki in seinem Schreibtisch liegen.«

»Woher weißt Du das?«

Elvira sah Rottmann verwundert an. »Erich, nicht nur Du hast Deine Methoden. Ich habe halt mal den Schreibtisch besonders gründlich abgestaubt. Farmer schließt ihn nie ab.«

Der Kaffee war nicht mehr so heiß, und sie nahm einen kräftigen Schluck.

»Auch Klingler, Du kennst ihn, soll angeblich ein Auge auf unsere weinkönigliche Hoheit geworfen haben.«

Rottmann fiel das Bild auf dem Bord im Dienstzimmer des Referenten wieder ein. Es war Nikki Feen gewesen. Er ließ sich diese Erkenntnis allerdings nicht anmerken.

»Mit Dr. Naumann muß es etwas Ernsteres gewesen sein.

Unser Amtsbote, der häufig in die Zimmer der Chefetage kommt, hat den Kämmerer einmal in einen heftigen Streit mit Herrn Westemeer angetroffen. Du weißt schon, dem Weinbaupräsidenten.«

Rottmann nickte. Die Sache wurde langsam interessant.

»Es scheint um Nikki Feen gegangen zu sein. Jedenfalls soll Westemeer Dr. Naumann richtiggehend angeschrieen haben. Er solle gefälligst seine Finger von dem Mädchen lassen. Sie wolle nichts von ihm. Mein Kollege hat, neugierig wie er ist, daraufhin etwas länger vor der Tür an seinem Aktenwagen herumgefummelt als vielleicht notwendig gewesen wäre. Es soll ein sehr hitziger Streit gewesen sein. Irgendwann schrie Westemeer dem Stadtkämmerer eine wüste Drohung zu, dann hat er die Tür aufgerissen und den Amtsboten fast über den Haufen gerannt.«

»Womit hat er Dr. Naumann gedroht?«

»Das hat der Mann eben nicht richtig verstanden. Es muß so etwas wie ›bevor Du mich fertigmachst, mache ich Dich fertig‹ oder so ähnlich gewesen sein. Sinngemäß wird es schon so hinkommen.«

Erich Rottmann stand auf und ging zum Fenster. Nachdenklich starrte er auf die Rinnsale, die an den Scheiben entlangliefen. »Hast Du sonst noch etwas mitbekommen?«

»Du bist gut. Ist das nicht genug? – Das ist doch der Beweis, daß Dr. Naumann Opfer einer amourösen Geschichte geworden ist.«

Rottmann dachte an das Foto von Nikki Feen, das er in der Wohnung Dr. Naumanns gesehen hatte. Die junge Dame schien tatsächlich recht großzügig mit der Verteilung ihres Konterfeis gewesen zu sein. Auf der anderen Seite konnte er sich nicht vorstellen, daß diese selbstbewußte Frau auf einen solchen Schmalspur-Casanova hereingefallen war.

Er drehte sich wieder um. »Möglich ist alles. Es wäre auf jeden Fall gut, wenn Du weiterhin Deine Ohren aufhalten würdest.«

»Aber gerne«, strahlte Elvira Stark. »Du weißt doch, daß ich Dir immer gerne behilflich bin.« Sie sah auf ihre Armbanduhr. Sie holte zu einer taktischen Meisterleistung aus. Sie brach auf. Das mußte ihren Jugendfreund davon überzeugen, daß es ihr in erster Linie darum ging, ihn bei seiner Ermittlungstätigkeit zu unterstützen.

Mit einer zügigen Bewegung trank sie den restlichen Kaffee aus und erhob sich. »Erich, es war schön, mit Dir ein bißchen getratscht zu haben. Wenn ich Dir etwas helfen konnte, würde mich das sehr freuen. Jetzt muß ich aber los.«

Rottmann half ihr in den noch immer feuchten Mantel und holte ihren Regenschirm aus dem Bad. »Vielen Dank für Deinen Besuch – und natürlich für die Apfeltasche. Wir sprechen uns.« Er gab ihr die Hand und brachte sie zur Tür. Nachdem sie gegangen war, stand er eine ganze Zeitlang am Fenster und betrachte wieder die Regentropfen, die sich auf dem Fensterglas zu kleinen Strömen vereinigten.

Sollte die hübsche Weinkönigin wirklich im Rathaus für solche Gefühlsaufwallungen gesorgt haben? Er schüttelte den Kopf. Bis auf Norbert Klingler befanden sich alle in Frage kommenden Männer in einem Alter, bei dem Nikki Feen als ihre Tochter durchgegangen wäre. Fast alle Männer, verbesserte sich Rottmann. Dr. Naumann war vermutlich noch akzeptabel gewesen.

Rottmann trat in das Zimmer zurück. Diese These war schon sehr abenteuerlich. Er durfte die wesentlichen Spuren nicht aus den Augen verlieren. Man mußte den unauffindbaren Beamten fassen, der sich aus der Stadtkasse bedient hatte. Dieser könnte vielleicht Licht ins Dunkel bringen.

Die restlichen Stunden bis zum Abend verbrachte Rottmann wie geplant in seiner Wohnung – den Großteil davon schlafend auf dem Sofa. Als er sich niederlegte, hatte er für einen kurzen Moment ein richtig schlechtes Gewissen, bevor er mit einem wohligen Grunzen die geordneten Kissen unter seinem Kopf zu einem bequemen Berg zusammenschob.

Die *Schoppenfetzer* trafen sich vor dem Eingang der *Galeria Kaufhof*. Sie wollten heute, zur Feier des Tages, geschlossen in den *Maulaffenbäck* einmarschieren. Ron Steiner hat eine alte Verbindung spielen lassen und einen Reporter der Zeitung eingeladen. Als der Mann endlich mit Verspätung eingetroffen war, zogen sie in ihr Stammlokal ein. Ja, es war eine richtige Prozession, die sich durch die vollbesetzten Tische in Richtung des leerstehenden Stammtisches bewegte.

Anni stand hinter dem Tresen und strahlte. Die Wirtsleute daneben strahlten etwas weniger. Trotzdem waren sie froh, ihren Stammtisch wiedergewonnen zu haben. In den letzten Tagen waren sie ständig auf diese unsägliche Gebühr angesprochen worden. Der Wirt mußte sich eingestehen, daß es eine blöde Idee gewesen war, auf diese Art und Weise mehr Gewinn zu erzielen. Solche Negativwerbung hatte viel eher die gegenteilige Wirkung.

Die Stammtischbrüder hatten sich kaum niedergelassen, da kam Anni mit Tellern und Besteck herbei und stellte es unaufgefordert vor ihren Gästen ab. »Für alle Fälle!«, meinte sie grinsend. »Außerdem hat der Chef gesagt, der erste Schoppen geht aufs Haus.«

Die Freudenbekundungen waren angemessen würdig, aber keineswegs euphorisch. Anni nahm die Bestellungen auf. Endlich war die unterfränkische Schoppenfetzerwelt wieder in Ordnung.

Der nächste Tag begann für Erich Rottmann verhältnismäßig spät. Das Telefon läutete, als er unter der Dusche stand. Zuerst wollte er nicht hingehen, weil er befürchtete, es könnte Elvira Stark sein. Doch es war Florian Deichler, der sich mit ihm für eine Stunde später auf einer Parkbank in der Nähe der *Main-Kuh* verabreden wollte. Das konnte nur bedeuten, daß die Ergebnisse der ballistischen Laboruntersuchung eingetroffen waren. Selbstverständlich war Erich Rottmann einverstanden.

Deichler verspätete sich etwas. Rottmann befürchtete schon, dieser könne sich nicht loseisen. Schließlich kam die vertraute Gestalt den Mainkai entlanggelaufen.

»Grüß Dich, Erich«, sagte der Kriminalbeamte und ließ sich neben seinem ehemaligen Chef auf die Bank fallen.

Öchsle drängte sich an ihn und verlangte ein paar Streicheleinheiten.

»Ich nehme mal an, Du bist nicht hier, um meinem Hund das Fell abzukraulen«, reagierte Rottmann etwas unwirsch. Er konnte es nicht leiden, wenn er auf die Folter gespannt wurde.

»Alles zu seiner Zeit«, gab Deichler zurück, dann griff er in seine Jackentasche, holte ein zusammengefaltetes Blatt Papier heraus und reichte es Rottmann.

Wie er erwartet hatte, war es ein kopiertes Fax eines Gutachtens des waffentechnischen Labors des Landeskriminalamts. Gezielt suchte sein Auge nach dem letzten Absatz des Schreibens, der Zusammenfassung der Untersuchungsergebnisse.

»Es handelt sich somit um ein Vollmantelgeschoß im Kaliber 8 x 57 IS. Das Projektil ist durch mechanische Einwirkung (vermutlich Zange oder dergleichen) im Spitzenbereich abgeändert worden, so daß ein sogenanntes ›Dumm-Dumm-Geschoß‹ entstand. Im Gegensatz zu einem intakten Projektil, das nach dem Abschuß um eine Längsachse rotiert, verliert ein derart abgeändertes Geschoß nach dem Abfeuern sofort seine

Stabilität und rotiert um x-Achsen. Die Wirkung, etwa auf einen menschlichen Körper, ist verheerend.

Trotzdem sind die Spuren, die der Lauf auf dem konkreten Untersuchungsmaterial hinterlassen hat, klar und eindeutig erkennbar. Eine Vergleichsanalyse und Zuordnung zu einer bestimmten Waffe ist bei Vorlage derselben unproblematisch möglich.«

»Wenigstens etwas«, brummelte Rottmann und reichte das Papier zurück.

»Kannst Du behalten«, gab Deichler zurück.

»Ich habe auch was für Dich«, erwiderte Rottmann und griff seinerseits in die Jackentasche.

»Was ist das?«

»Das ist die Liste der honorigen Persönlichkeiten, die zusammen mit Dr. Naumann bei einer Dienstbesprechung auf dem Schützenhof zusammensaßen. Eine etwas delikate Sache, weil Naumann nach diesem Termin nicht mehr gesehen wurde. Nach meiner Theorie wurde er auf dem Schützenhof getötet.«

»Das klingt ja gerade so, als würdest Du den Täter unter diesen Personen vermuten.«

Rottmann hob die Schulter und ließ sie dann wieder fallen. »Florian, wir sollten uns an den Grundsatz halten, daß in einem Kriminalfall grundsätzlich erst mal jeder verdächtig ist. In diesem Fall hier würde ich sagen, laß doch mal feststellen, wer von diesen Herrschaften über eine Schußwaffe in dem genannten Kaliber verfügt oder verfügen kann.«

Deichler sah seinen ehemaligen Chef von der Seite her an. »Du weißt aber, oder Du kannst es Dir denken: Wir verfolgen eine ganz andere Spur. Für uns ist dieser Pionovsky aus dem Haushaltsreferat der Hauptverdächtige. Er ist kurz vor dem Tod Dr. Naumanns nicht mehr zum Dienst erschienen. Es läuft auch schon eine internationale Fahndung nach ihm.«

»Ich denke ja auch, daß er damit zu tun hat. Trotzdem schadet es nicht, nach allen Seiten zu ermitteln.«

Deichler legte die Stirn in Falten. »Du kennst doch Krämer. Wenn der hört, daß ich gegen die Rathausprominenz ermittle, wird er sofort die Bremse reinhauen. Für ihn sind diese Herrschaften doch quasi unberührbar.«

»Ist mir schon klar. Wenn er jemanden aus der Führungsriege im *Grafeneckart* ans Bein pinkelt, und es steckt dann nichts dahinter, könnte es seiner Karriere schaden. – Trotzdem sollte Dich das nicht abhalten. Du mußt ihm doch nicht jeden Ermittlungsschritt auf die Nase binden. Auch zu meiner Zeit hatten wir Möglichkeiten, Nachforschungen zu betreiben, ohne daß es der Polizeidirektor gleich erfahren hat. – Kreativität, mein Junge. Kreativität!«

Deichler lachte etwas gezwungen. »Jedenfalls werde ich mal herausfinden, ob dieser Pionovsky Zugang zu einer solchen Waffe hatte. Bei der Wohnungsdurchsuchung haben wir jedenfalls nichts festgestellt.«

Erich Rottmann gab sich zunächst einmal mit dieser Ankündigung zufrieden. Er wußte, daß sein ehemaliger Mitarbeiter unter Krämer einen schweren Stand hatte. Er war sich aber auch sicher, daß Florian Deichler einen Weg finden würde, um die Fragen zu klären, die sie in ihrem Gespräch aufgeworfen hatten. Im übrigen: Wer hielt ihn, Rottmann, davon ab, seinerseits Nachforschungen zu betreiben?

Die beiden Männer trennten sich wieder und verabredeten, daß Deichler Rottmann anrufen würde. Natürlich nur, wenn er sicher sein konnte, daß Krämer davon nichts mitbekommen würde.

Rottmann beschloß, den angebrochenen Morgen kulinarisch zu ergänzen. Nachdem die Probleme mit dem *Maulaffenbäck* behoben waren, schwebte vor seinem hungrigen geistigen

Auge eine ordentliche Portion Leberkäs und dazu ein kerniger Silvaner. Er pfiff Öchsle, der ein Stück von ihm entfernt gerade einer Hundedame die Aufwartung machte, zu sich und marschierte los. Gute Gedanken sollte man schleunigst in die Tat umsetzen.

Die Bedienung beim Metzger um die Ecke wußte genau, was ihr Stammkunde wollte. Sie packte ihm die ordentliche Portion Leberkäs in Folie ein, damit sie warm blieb und legte zwei Laugenstangen dazu. Ausgerüstet mit diesem nahrhaften Päckchen marschierte Erich Rottmann in den *Maulaffenbäck*.

Anni strahlte ihn an, der Wirt winkte freundlich und einige andere Stammgäste des nun wieder als traditionell zu bezeichnenden *Maulaffenbäcks* nickten ihm wohlwollend zu. Der Duft des heißen Leberkäses drang aus der Verpackung und zeigte der Bedienung das Begehr ihres Gastes. Demonstrativ stellte sie ihm einen Teller mit Besteck an den gewohnten Platz und fragte ihn nach seinem Weinwunsch.

»Anni, heute bringst Du mir mal einen schönen trockenen Silvaner«, bat Rottmann und ließ sich auf der Bank am Stammtisch nieder.

Öchsle holte sich bei Anni ein paar Streicheleinheiten ab, dann trottete er zu seinem Stammplatz.

Es dauerte nicht lange, da kam Marschmann durch die Tür, wenig später folgten Steiner und Dr. Ritter. Alle waren mit ähnlichen kulinarischen Köstlichkeiten ausgerüstet und freuten sich darauf, ihre Brotzeit in der gewohnten Weise zu sich nehmen zu können.

»Also, Herrschaften, es geht doch wirklich nichts über ein traditionelles zweites Frühstück, im Kreise lieber Stammtischbrüder, bei einem ordentlichen Schoppen Frankenwein. Zum Wohlsein!« Dr. Ritter hob sein Glas und unterstrich damit seinen enthusiastischen Höhenflug.

Ron Steiner kämpfte mit der Tücke seines wankelmütigen Gebisses, das sich ihm insbesondere bei der Zerkleinerung härterer Nahrungsbestandteile widersetzte. Trotz dieser Beeinträchtigung wehrte sich der Mann standhaft, diesen Zustand zu ändern. Keiner wußte warum. Rottmann tippte auf eine Zahnarztphobie.

»Habt ihr die Plakate gesehen?«, quetschte er zwischen zwei Bissen Rotgelegten heraus. »Unsere Oberbürgermeisterin hat schon die nächste Benefizveranstaltung zu Gunsten der Stadt geplant. Heute in einer Woche gibt sie einen Liederabend im *Mainfranken Theater*. Es heißt, sie singt Lieder von ihrer CD. Der Eintrittspreis geht vollständig in die Stadtkasse.«

»Ich schlage vor, daß wir als honoriger Stammtisch unserer sozialen Verpflichtung nachkommen und geschlossen die Veranstaltung besuchen.« Dr. Ritter meinte diesen Vorschlag offenbar ernst.

Marschmann schluckte seinen Bissen weißen Presssack hinunter, dann warf er ein: »Leute, seid mir nicht böse, aber ich bin total unmusikalisch. Von mir aus könnte unsere Stadtoberin auch auf dem Kamm blasen, ich würde es toll finden.«

»Das ist doch prima«, meinte Rottmann ironisch, während er Öchsle dezent einen Happen Leberkäse hinunterreichte. »Dann bist Du doch der Einzige, der auf jeden Fall einen Gewinn von dem Gesang hat.«

»Erich, Du bist ein altes Lästermaul«, entgegnete Dr. Ritter. »Unsere OB soll so gut sein, daß man ihr sogar nach ihrer Amtszeit eine zweite Karriere im Musikgeschäft prognostiziert hat.«

»Rialena stürmt die Charts«, zischelte Ron Steiner boshaft.

»Jedenfalls schlage ich vor, wir gehen geschlossen hin.« Dr. Ritter versuchte wieder zu einer gewissen Ernsthaftigkeit zu kommen. Er kannte seine Pappenheimer. Wenn die erst mal mit der Blödelei anfingen, waren sie nicht mehr zu bremsen.

»Ist beschlossene Sache«, antwortete Erich Rottmann für alle. Die *Schoppenfetzer* spendeten ihm eine Runde beipflichtendes Nicken.

Nachdem Erich Rottmann den Frühschoppen ausgiebig zelebriert hatte, schlenderte er, seine Pfeife schmauchend, durch die *Schönbornstraße* in Richtung Markt. Öchsle, sein treuer Schatten, dicht bei Fuß. Rottmann war heute ausgesprochen gutgelaunt. Da er noch gut gesättigt war, schaffte er es sogar relativ leicht, am Bratwurststand am *Oberen Markt* vorbeizugehen, ohne sich eine »Geknickte« zu kaufen.

Da die Sonne schien, ließ er sich auf eine der Bänke nieder und beobachtete die Ströme von Touristen, die von eifrigen Fremdenführern über den Marktplatz geführt wurden. Warum ist es eigentlich nicht Pflicht, daß Würzburger Fremdenführer unterfränkisch sprechen, überlegte er sich. In der Tat war von ihnen allenthalben nur Hochdeutsch zu hören. Schon wieder so eine schleichende Verkümmerung unterfränkischen Sprachgutes.

Er dehnte sich etwas und ließ seine Gedanken in Richtung Mittagsschläfchen wandern. Hin und wieder genoß er es, sein Pensionärsdasein voll auskosten zu können.

Es war wie so oft im Leben: Die Ereignisse machten ihm einen dicken Strich durch seine Ruhestandsrechnung.

Rottmann hatte sich gerade erhoben, als er in der Menge der Menschen auf dem Marktplatz für den Bruchteil einer Sekunde ein männliches Gesicht entdeckte, das er kannte. Ohne zu überlegen, bewegte sich Rottmann etwas schneller, um zu dem Mann aufzuholen.

Schon nach wenigen Meter stellte er fest, daß er sich nicht getäuscht hatte. Es war Norbert Klingler, der eiligen Schrittes über den Marktplatz marschierte. Hätte jemand Erich Rottmann gefragt, warum er dem persönlichen Referenten der Oberbürgermeisterin folgte, wäre ihm wahrscheinlich keine vernünftige Begründung eingefallen. Es war ganz einfach Neugierde und der Instinkt eines alten Kriminalbeamten.

Zuerst nahm Rottmann an, Klingler würde ins Rathaus gehen. Dem war aber nicht so. Er lief die Marktgasse hinunter, überquerte die *Karmelitenstraße* und folgte dann der *Kärrnergasse.* Rottmann mußte in den kleinen Gassen Abstand halten, um nicht auf sich aufmerksam zu machen. Deshalb konnte er gerade noch sehen, wie Klingler den *Alten Kranen* ansteuerte. Plötzlich war er wie vom Erdboden verschluckt.

Rottmann näherte sich langsam. Er vermutete, daß Klingler im *Haus des Frankenweins* verschwunden war. Langsam umrundete der Ex-Polizist das Gebäude. Auf diese Art und Weise stieg er auch die Stufen zur Terrasse hinauf, die sich auf dem Mainkai zwischen *Alten Kranen* und Verkaufsraum erstreckte. Von seinem Standort aus konnte er sehr gut in die überwiegend verglaste Front des Gebäudes hineinsehen. Hier war Klingler nicht zu entdecken. Rottmann wußte, von hier aus kam man auch in die Gaststätte *Zum Alten Kranen.* Wahrscheinlich war er dort eingekehrt, um seinen Mittagstisch einzunehmen. Trotzdem blieb Rottmann aus unerklärlichem Grund stehen.

Plötzlich sah er eine junge Frau die Treppe zur Terrasse hochkommen. Unauffällig zog sich Erich Rottmann ein wenig mehr in den Hintergrund der Terrasse zurück und tat so, als würde er die Aussicht auf den Main und die Festung genießen. Als die Frau eiligen Schrittes näher kam, erkannte er sie sofort: Es war das Gesicht, das er auf dem Foto in Dr. Naumanns Wohnung gesehen hatte und das auch aus einem Rahmen in Klinglers Büro herausgelacht hatte. Nikki Feen, die ehemalige Deutsche Weinkönigin gab dem *Haus des Frankenweins* die Ehre. Ein Zufall?

Als sie das Haus betrat, drehte Rottmann sich um und folgte ihr. Irgendein Gefühl riet ihm dazu.

Die Probe zeigte, daß die Tür zum Verkaufsraum verschlossen war. Folglich konnte Nikki Feen unmöglich dort hineingegangen sein. Blieb nur der Weg in den Gastraum des *Alten Kranen.*

Kurz entschlossen betrat Erich Rottmann die Gaststube. Öchsle hielt sich dicht hinter ihm. Der Rüde spürte, sein Herrchen war von einer gewissen Erregung gepackt.

Die Einrichtung des Lokals bestand aus gediegener Polsterkultur, durchaus gemütlich.

Um diese Uhrzeit war der Gastraum nur mäßig besucht. Rottmann blieb im Schutz einer Garderobe stehen und ließ seinen Blick suchend durch den Raum gleiten. Schließlich entdeckte er die beiden Gesuchten an einem Tisch. Zur Rechten mündete die Wirtschaft in einen schmalen Schlauch, der vom Gastraum aus nur bedingt eingesehen werden konnte. Zu Rottmanns Leidwesen war der Platz so ausgesucht, daß man sich nicht unauffällig in die Nähe setzen konnte, um etwa das Gespräch mitzubekommen. Außerdem mußte Rottmann aufpassen, weil Klingler ihn ja sofort erkannt hätte. Zum Glück saß der Mann mit dem Rücken zu ihm, so daß Rottmann einen Sitzplatz auswählen konnte, von dem aus er den Referenten und Nikki Feen wenigstens beobachten konnte. Öchsle verschwand unter dem Tisch und war nicht mehr zu sehen.

Rottmann bestellte sich bei der Bedienung eine Schorle und holte sich die Tageszeitung vom Haken. So schuf er sich eine zusätzliche Deckungsmöglichkeit für alle Fälle; außerdem die Möglichkeit, die beiden unauffällig beobachten zu können, ohne daß es den Bedienungen sofort auffiel.

Norbert Klingler war eindeutig der Wortführer. Gestenreich und eindringlich sprach er auf Nikki Feen ein. Die junge Frau nippte an einem Wasser und schien geduldig zuzuhören. Plötzlich beugte sie sich vor und unterbrach ihren Gegenüber. Ihre Körpersprache war offensichtlich das Ergebnis einer starken emotionalen Aufwallung. Klingler schüttelte dabei immer wieder heftig den Kopf. Plötzlich schob sie ihren Stuhl heftig zurück und stand auf. Sie zischte dem Mann noch einige heftige Worte zu, dann eilte sie zum Ausgang.

Klingler sah ihr betroffen hinterher. Rottmann hob schnell die Zeitung. Es war offensichtlich, das Gespräch war nicht zu Norbert Klinglers Zufriedenheit verlaufen.

Rottmann hätte wer weiß was dafür gegeben, wenn er das Gespräch hätte belauschen können. Eines war klar, die beiden hatten sich hier nicht zum ersten Mal gesprochen. Es war deutlich zu sehen gewesen, daß sich Klingler und die ehemalige Weinkönigin kannten. Das Gespräch hatte bei aller Heftigkeit eindeutig intimere Signale enthalten.

Der Beamte aus dem Rathaus saß einige Minuten wie versteinert auf seinem Platz. Schließlich schüttelte er den Kopf. Anscheinend gab er sich einen Ruck, um sich von dem Gespräch innerlich zu lösen. Rottmann sah, daß er einen Geldschein auf den Tisch legte, dann erhob er sich.

Vermutlich hätte er Rottmann auch nicht gesehen, wenn dieser die Zeitung nicht über Kopfhöhe gehalten hätte. Seine hängenden Schultern beim Verlassen des Lokals sprachen Bände.

Rottmann legte die Zeitung neben sich auf einen Stuhl. Sicher kannten sich Klingler und Feen aus der Zeit, als sie noch amtierende Weinkönigin war. Jeder Zeitungsleser in Würzburg wußte, wie häufig offizielle Anlässe die Weinkönigin ins Rathaus geführt hatten. Fragte sich nur, was der Klingler mit der zurückgetretenen Weinkönigin Persönliches zu besprechen hatte.

Rottmann bezahlte ebenfalls seine Zeche und verließ das Lokal. Er hatte sich sowieso vorgenommen, unabhängig von Deichler, die Teilnehmer an der Besprechung auf dem *Schützenhof* auf ihren Waffenbesitz hin zu überprüfen. Warum sollte er nicht bei Klingler anfangen?

Erich Rottmann schlenderte langsam zum *Grafeneckart*. Er wollte Klingler Zeit geben, sein Büro zu erreichen.

Wenig später griff der ehemalige Kriminalbeamte zum Handy und wählte die mittlerweile einprogrammierte Nummer. Norbert Klingler war sofort am Telefon. Als Rottmann ihn um ein Gespräch bat, sagte er gleich zu. Zehn Minuten später saßen sich Rottmann und Klingler an dessen Besprechungstisch gegenüber.

»Haben Sie neue Erkenntnisse?«, fragte der Referent der Oberbürgermeisterin.

Rottmann warf ihm einen prüfenden Blick zu. Der Mann war freundlich wie immer, doch um seine Augen war ein ernster Zug. Offenbar stand er noch unter dem Eindruck des soeben geführten Gesprächs. Aus Rottmanns Sicht eine ausgezeichnete Basis für einen Frontalangriff.

»Im Augenblick noch nicht«, gab er knapp zurück. »Ich habe allerdings eine Frage.« Er legte eine Kunstpause ein, dann nahm er sein Gegenüber scharf ins Visier. »Sagen Sie mir bitte, haben Sie ein Verhältnis mit Nikki Feen?«

Klingler riß die Augen auf, als hätte man ihm einen Schlag versetzt. Seine Gesichtsfarbe wechselte abrupt von käsig nach krebsrot.

»Wie …, was …«, stotterte er. »Wie …, wie kommen Sie den auf eine derart verrückte Idee? Ich bin ein verheirateter Mann!«

Rottmann lächelte etwas süffisant. »Lieber Herr Klingler, letzteres ist ja oftmals eher ein Grund, als ein Hindernis …«

»Also wirklich, Herr Rottmann!« Klingler hatte sich wieder etwas gefangen. »Wie kommen Sie denn auf so eine abstruse Annahme?« Seine Augen flackerten unruhig.

Erich Rottmann, der in zahllosen Vernehmungen tausende Male angelogen worden war, wußte, es gab Menschen, denen man sofort ansah, wenn sie die Unwahrheit sagten. Klingler war aufgrund seiner Tätigkeit sicher ein Mann, der sich gut beherrschen konnte. Rottmann, der alte Fuchs, hatte ihn allerdings kalt erwischt.

Der pensionierte Polizeibeamte erhob sich langsam, dann ging er zu dem Bord in der Ecke, griff sich das Foto mit der Weinkönigin und hielt es demonstrativ in die Höhe.

»Ach, das«, sagte Klingler. Man konnte sehen, daß er sich leichte entspannte. »Das ist eine Autogrammkarte, die ich von Nikki …, ich meine … von Frau Feen irgendwann erhalten habe. Ich bin überzeugt, im Rathaus gibt es zahlreiche Personen, die ein solches Foto geschenkt bekommen haben. Daraus ein Verhältnis zu dieser Frau konstruieren zu wollen … lieber Herr Rottmann, bei allem Verständnis …«

Rottmann merkte, daß Klinglers Haltung langsam von Unsicherheit auf Aggression umschwenkte. Der erfahrene Ermittler wußte, jetzt war es Zeit nachzulegen.

»Dann sagen Sie mir bitte, wenn Sie Frau Feen nur von ihren gelegentlichen offiziellen Besuchen im Rathaus her kennen, was Sie mit ihr vorhin im *Alten Kranen* zu besprechen hatten? Ich hatte den Eindruck, ihre Unterredung hatte einen sehr persönlichen, um nicht zu sagen, privaten Charakter.«

Wieder lief der Mann knallrot an. Der Schock hielt ihn nicht länger auf dem Stuhl. Erregt lief er im Zimmer auf und ab.

»Wie kommen Sie dazu, mir nachzuschnüffeln? Das ist eine bodenlose Unverschämtheit!«

»Das ist keine Antwort auf meine Frage.«

»Frau Feen hat mich in einer … privaten Angelegenheit … um Hilfe gebeten …«

»Sie wollen mir also allen Ernstes erzählen, eine junge Frau, die Sie praktisch nicht kennt, wendet sich wegen eines privaten Problems an Sie, das sie nur in einem stillen Winkel eines Lokals besprechen konnten?«, bohrte Rottmann nach.

»Mein Gott, ja, ich habe Nikki Feen auf einem Empfang der Oberbürgermeisterin kennengelernt, und wir waren zwei- oder dreimal etwas trinken. Mehr war das aber wirklich nicht! Es hat sich dann ja Kollege Naumann an Sie herangemacht …« Er verstummte.

»Ja?« Rottmanns Blick enthielt eine Aufforderung fortzufahren.

»Ach, wissen Sie, ich möchte nicht weiter darüber reden. Das geht mich schließlich auch nichts an. – Ich habe nur eine Bitte. Können Sie die Angelegenheit mit Nikki Feen diskret behandeln? Meine Frau würde mir sofort die Koffer vor die Tür setzen, wenn sie davon etwas mitbekommt.«

Rottmann machte eine beruhigende Geste. Er war aber noch nicht am Ende. »Eine andere Frage. Besitzen Sie ein Gewehr?«

»Was soll denn das nun schon wieder?« Norbert Klingler stand mittlerweile der kalte Schweiß auf der Stirn.

In diesem Augenblick rettete ihn das Läuten des Telefons. Er griff nach dem Hörer, als wäre es ein Rettungsanker. Nachdem er sich gemeldet hatte, verstummte er und hörte nur eine ganze Zeitlang zu. Schließlich sagte er: »Vielen Dank, Herr Krämer, für die Information. Ich werde sie an die Frau Oberbürgermeisterin weitergeben. Übrigens, herzlichen Glückwunsch zu ihrem Fahndungserfolg.«

Rottmann stellte die Ohren. Der Name Krämer löste bei ihm immer höchste Wachsamkeit aus.

Klingler legte wieder auf. Seine Miene zeigte eine gewisse Entspannung.

»Das war der Leiter der Mordkommission, Herr Krämer. Er hat mir mitgeteilt, daß Sie unseren flüchtigen Mitarbeiter, den Verdächtigen Pionovsky, gefaßt haben. Angeblich soll er bereits ein Geständnis abgelegt haben.« Er trat auf Rottmann zu. In den letzten Minuten hatte er seine Selbstsicherheit zurückgewonnen. »Herr Kommissar, ich denke, damit haben sich Ihre Fragen und Vermutungen erübrigt. Ich werde Frau Dr. Beckstein-Mannfeld gleich Bericht erstatten. Damit dürfte sich auch Ihr weiterer Einsatz für die Stadt erledigt haben. Schicken Sie Ihre Rechnung an mich, ich werde Ihr Honorar umgehend zur Auszahlung anweisen.«

Er gab Rottmann die Hand und brachte ihn zur Tür. Plötzlich blieb er stehen. »Ach, Ihre letzte Frage möchte ich Ihnen doch noch gerne beantworten, damit bei Ihnen kein Verdacht zurückbleibt. Nein, ich besitze keine Waffe. – Und nochmals vielen Dank für Ihre Diskretion.«

Rottmann fand sich vor der Tür wieder. Öchsle trabte ein Stück den Flur entlang, dann blieb er stehen und sah zurück. Sein Herrchen stand immer noch am selben Fleck.

Dieser Anruf von seinem Amtsnachfolger Krämer hatte ihn doch recht überrascht. Hatte dieser Pionovsky tatsächlich gestanden, Dr. Naumann getötet zu haben? Er mußte so schnell wie möglich Kontakt zu Florian Deichler aufnehmen. Das wollte er genau wissen.

Rottmann verließ das Rathaus durch den hinteren Ausgang. Nach dieser Unterhaltung mit unerwartetem Ausgang verspürte er ein leichtes Schwächeln in der Magengegend. So mannhaft er noch vor einiger Zeit daran vorbeigegangen war, so sicher war er sich jetzt, dieses Gefühl nur mit einer »Genickten« vom Marktstand wirksam bekämpfen zu können.

Er hatte die Drogerie am *Unteren Markt* gerade hinter sich gelassen, als ihn der unverwechselbare Klang einer bekannten Stimme einholte.

»Hallo, Erich!« Rottmann drehte sich langsam um. Er hatte das untrügliche Gefühl, daß die Wurst, obwohl so nahe, in unerreichbare Ferne gerückt war.

Elvira Stark kam gerade aus der Drogerie und hatte ihn natürlich sofort entdeckt. Rottmann vergaß bei seinen Überlegungen, daß er zusammen mit Öchsle ein nur schwer übersehbares Erscheinungsbild abgab.

»Hallo, Elvira, lange nicht gesehen.«

»Erich, was redest Du für einen Schmarren, wir haben uns doch gestern gesehen.«

Rottmann atmete tief durch. »Das ist doch auch nur so ein Spruch.«

»Ach so. Na ja, egal. Gut, daß ich Dich sehe. Ich habe vorhin eine Bekannte aus Grombühl getroffen, die hat wiederum eine Schwägerin, deren Bruder einen Sohn hat, der bei der Kripo arbeitet. Sie hat mir gesagt, man hätte jemanden aus dem Rathaus im Mordfall Naumann festgenommen. Stimmt das? Hast Du mir das schon wieder verheimlicht?«

»Elvira, jetzt mach' aber mal einen Punkt.« Erich Rottmanns unterfränkische Langmut hatte ihre Grenzen. »Ich habe von dieser Verhaftung gerade im Rathaus erfahren. Und auch nur deshalb, weil der Leiter der Mordkommission höchstpersönlich dort angerufen hat. Kein Mensch kann ahnen, daß die Buschtrommeln das schon auf der Straße verkünden.«

»Tja, ich habe halt auch meine Verbindungen«, erwiderte Elvira etwas spitz. »Aber eine Frage habe ich in diesem Zusammenhang dann doch noch.«

Rottmann klebte ihr in Gedanken ein Pflaster über den Mund.

»Wenn der Kerl aus dem Rathaus kommt, wie ist er dann in den Staatlichen Hofkeller hineingekommen, um die Leiche in ein Faß hineinlegen zu können?«

»Woher soll ich das wissen?«, erwiderte Erich Rottmann kurz angebunden.

»Hm, stimmt. Das kannst Du natürlich nicht wissen.« Sie wechselte die Einkaufstasche in die andere Hand. »Da fällt mir noch etwas ein. Ich habe von unserer Frau Oberbürgermeisterin zwei Karten für ihre Benefizveranstaltung im *Mainfranken Theater* bekommen. Du hast ja sicher in der Zeitung davon gelesen. Ich würde mich sehr freuen, wenn Du mich dabei begleiten würdest.« Sie hob dabei beschwichtigend die Hand. »Erich, Du mußt Dich nicht sofort entscheiden. Sag mir einfach bis morgen Bescheid.

So, jetzt muß ich aber weiter. Ich bin noch mit einer Nachbarin verabredet.« Sie tätschelte kurz Öchsles Kopf, dann brauste sie davon.

Betroffen sah Rottmann ihr hinterher. Sie hatte Recht! Pionovsky kam logischerweise nur dann als Täter in Frage, wenn er die Gelegenheit gehabt hatte, sich irgendwie Zugang zum Weingut zu verschaffen. Auf diesen Gedanken hätte er eigentlich auch selbst kommen können!

Der ehemalige Leiter der Mordkommission setzte seinen unterbrochenen Weg in Richtung Bratwurststand fort. Kein Wunder, daß sein Gehirn so träge reagierte. Wahrscheinlich war er total unterzuckert! Nach wenigen Metern stieg ihm schon der Duft des »Treibstoffs« in die Nase.

Während er die Wurst verzehrte, faßte er den Entschluß – trotz gegenteiliger Abmachung – , Deichler in der Polizeidirektion anzurufen. Durch die Verhaftung hatten sich die Voraussetzungen für ihre Vereinbarung geändert. Erich Rottmann ging hinter die Marienkapelle, weil es da bekanntlich etwas ruhiger war und zückte das Mobiltelefon. Florian Deichler war sofort am Apparat.

»Hier Erich. Tut mir leid, daß ich Dich anrufe, aber ich war bei Klingler im Rathaus, als Krämer ihn angerufen hat. Bist Du allein?«

»Eine Minute, Erich, nicht länger.« Deichler schien stark unter Streß zu stehen.

»Gut. Kurz und bündig. Hat Pionovsky den Mord an Naumann gestanden?«

»Nein. Er hat lediglich zugegeben, die Unterschlagungen begangen zu haben. Meines Erachtens kann er es auch nicht gewesen sein, denn zu diesem Zeitpunkt war er bereits in Österreich. Dafür haben wir Beweise. Er hat also ein hieb- und stichfestes Alibi. Seine Festnahme erfolgte kurz nach der Grenze in Italien auf der Brennerautobahn. Die Carabinieri haben ihn erwischt, weil er zu schnell gefahren ist.«

»Danke, Florian, mehr wollte ich nicht wissen. Mach's gut!« Er legte auf. Von wegen, die Sache ist erledigt, dachte er grimmig. Lieber Herr Klingler, wir werden uns wohl noch einmal unterhalten müssen.

Rottmann hatte jetzt zwar keinen Auftrag mehr. Aber der *Terrier* hatte sich auf der Spur festgebissen und war nicht mehr davon abzubringen.

Langsam schlenderte Erich Rottmann über den Markt, durchquerte die Schustergasse und lief über die Domstraße. Es blieb ihm nichts anderes übrig, als dort weiterzumachen, wo er vor dem Gespräch mit Klingler aufgehört hatte.

Er verbesserte sich. Nicht ganz an derselben Stelle. Er holte die Liste mit den Namen aus der Tasche. Er mußte denjenigen finden, der sich freien Zugang zum Staatlichen Hofkeller verschaffen konnte, um dort eine Leiche zu verstecken. Außerdem mußte der Mann über ein Gewehr Kaliber 8 x 57 IS verfügen.

An erster Stelle stand Beni Westemeer. Als Weinbaupräsident hatte er sicher eher Gelegenheit, sich einen Schlüssel zum Weingut zu verschaffen, als zum Beispiel Bürgermeister Farmer, der auch auf der Liste stand.

Warum sollte er mit seinen Ermittlungen nicht bei Beni Westemeer anfangen?

Erich Rottmann kannte Ewald Kumpel noch aus seiner aktiven Zeit. Kumpel war Sachbearbeiter für Schußwaffen im Landratsamt Würzburg. Da Westemeer im Landkreis wohnte, mußte er eventuellen Waffenbesitz im Landratsamt angemeldet haben.

Rottmann betrat den Neubau des Landratsamts und studierte die Hinweistafel.

Kumpel bot in seinen zerknitterten Jagdklamotten ein eher rustikales Bild, das im Gegensatz zu den modernen Möbeln des neuen Bürogebäudes stand.

»Grüß Gott, Herr Rottmann«, begrüßte Kumpel den ehemaligen Polizisten.

»Was gibt mir die Ehre Ihres Besuchs?«

»Kollege Kumpel, ich hätte da ein kleines Anliegen ...« Rottmann erklärte dem Mann sein Problem.

»Sie wissen aber schon, daß ich damit gegen die Datenschutzbestimmungen verstoßen würde. Noch dazu bei einer prominenten Persönlichkeit. Sie wissen doch, daß Westemeer lange Zeit der Stellvertreter des Landrats war. Wenn der sich beim Landrat beschwert, komme ich in Teufels Küche!«

Rottmann sah ihn nur mit einem treuherzigen Hundeblick an. Kumpel seufzte. »Also, passen Sie mal auf. Ich habe noch kurz an meinem Computer zu tun. Dann muß ich mal raus. Daß Sie mir auf keinen Fall auf den Bildschirm schauen. Ich werde in fünf Minuten wieder zurück sein, dann können wir Ihr Anliegen weiter besprechen.«

Kumpel nahm am Bildschirm einige Einstellungen vor, dann verließ er wortlos das Büro.

Erich Rottmann zögerte nicht lange. Er eilte zu Kumpels Arbeitsplatz und studierte die Bildschirmwiedergabe. Diese bestand aus einer Art digitalen Karteikarte, die mehrere Eintragungen enthielt. Erstaunlicherweise verfügte Westemeer über eine ganze Anzahl von Schußwaffen, Gewehre und Kurzwaffen. Anscheinend war er Jäger.

Rottmann überzeugte sich davon, daß der Drucker eingeschaltet war, dann klickte er das entsprechende Symbol an. Sofort sprang der Drucker an und spuckte den Laserdruck der Karteikarte aus. Schnell steckte Rottmann ihn ein, dann setzte er sich auf einen der Besucherstühle. Er konnte sich das Ergebnis später in Ruhe ansehen.

Kumpel kam wenig später zurück. Ohne auf die ursprüngliche Problematik einzugehen, setzte er sich hinter seinen Schreibtisch und ließ das Bild wieder verschwinden. »Na, so was, jetzt habe ich doch glatt vergessen, den Bildschirm für Unbefugte zu sperren«, brummte er. »Aber Sie kämen ja niemals auf die Idee, in meinen Daten herumzuschnüffeln.« Er grinste Rottmann an.

Die beiden unterhielten sich noch einige Zeit über dieses und jenes, dann verließ Rottmann das Landratsamt wieder. Die anderen Menschen auf seiner Liste wohnten alle in Würzburg. Auskünfte über eventuellen Waffenbesitz mußte er sich im dortigen Ordnungsamt besorgen. Zunächst würde er aber an einer anderen Stelle ansetzen. Vielleicht erübrigten sich damit andere Nachforschungen.

Rottmann setzte sich am Frauenlandplatz in den Bus der Linie 6 und fuhr in die Stadt zurück. Während der Fahrt hatte er Gelegenheit, den Ausdruck zu studieren. Westemeer verfügte über eine ganze Anzahl Jagdwaffen, aber keine hatte das erforderliche Kaliber. Selbstverständlich war es möglich, daß er trotzdem eine solche Waffe zu Hause hatte, ohne sie angemeldet zu haben. Aber das war eher unwahrscheinlich. Wenn er dabei erwischt würde, hätte er ein Strafverfahren am Hals. Das gäbe einen Skandal der Extraklasse. Ein vorbestrafter Weinbaupräsident wäre für den Verband sicher nicht tragbar und Westemeers Karriere zu Ende.

Am Kriegerdenkmal stiegen Herr und Hund aus und marschierten in Richtung *Staatlicher Hofkeller*. Erich Rottmann wollte seine Nachforschungen so schnell wie möglich vorantreiben. Im Augenblick bestand sicher nicht die Gefahr, den Kollegen von der Mordkommission, insbesondere Krämer, in die Quere zu kommen. Die Polizei war im Moment mit dem verhafteten Pionovsky beschäftigt.

Die Sekretärin schüttelte bedauernd den Kopf. »Es tut mir leid, Herr Rottmann, aber Kellermeister Brandstetter ist leider seit zwei Monaten in Rente.« Plötzlich hob sie die Hand. »Warten Sie. Da fällt mir etwas ein.« Sie holte eine Liste unter einem Stapel Akten hervor und studierte sie kurz. »Sie haben Glück. Er leitet heute eine Weinprobe. Wenn sie rübergehen in den Keller, können sie ihn vielleicht noch vor der Probe erwischen.«

Rottmann bedankte sich und eilte hinaus. Er kannte den Weinkeller des Staatlichen Hofkellers von Veranstaltungen, an denen er selbst als Gast teilgenommen hatte. Der Eingang zum Weinkeller führte durch den linken Hof der Residenz. Kaum hatte er das Gewölbe betreten, schlug ihm der typische, angenehme Duft eines Weinkellers entgegen. Rottmann atmete einmal tief durch, dann stieg er die Stufen hinunter.

Öchsle hüpfte sehr vorsichtig nebenher, denn die Steintritte waren steil und etwas schlüpfrig.

Der gesuchte Kellermeister stand in einem kleineren Vorraum und unterhielt sich mit einem Mitarbeiter des Weinguts.

Als er Erich Rottmann erkannte, machte er eine verwundertes Gesicht. »Ja, Herr Rottmann, ich grüße Sie. Das ist aber schön, daß wir uns wieder einmal sehen. Sind Sie heute bei der Weinprobe dabei?«

Der junge Mann, mit dem sich der Kellermeister unterhalten hatte, nickte kurz und entfernte sich.

»Nein, lieber Herr Brandstetter, leider nicht. Ich würde Ihnen aber gerne einige Fragen stellen, wenn Sie noch so viel Zeit für mich übrig haben.«

Der Mann sah auf die Armbanduhr. »Zehn Minuten haben wir schon noch, dann habe ich eine große Probe im Bacchuskeller. Kommen Sie, wir gehen ein Stück weiter. Wir schenken heute einen sehr schönen Frankensekt aus. Sicher darf ich Ihnen einen Schluck anbieten.«

Rottmann wollte seinen großzügigen Bekannten nicht verärgern und stimmte zu.

Nachdem ihm Kellermeister Brandstetter eingeschenkt und auch sich selbst versorgt hatte, stießen sie an. Der Sekt war ganz ausgezeichnet.

Rottmann wollte keine Zeit verlieren, deshalb kam er gleich zur Sache. »Herr Brandstetter, ich bin, wie Sie, im Ruhestand. Und genau wie Sie läßt auch mich die Arbeit nicht ganz los. Langer Rede kurzer Sinn: Ich stecke gerade wieder mal in einem Fall. Dazu bräuchte ich Ihre Kenntnisse. Sie müssen mir aber versprechen, unsere Unterhaltung vertraulich zu behandeln.«

Der ehemalige Kellermeister nippte am Sekt. »Keine Sorge, ich werde schweigen wie ein Grab.« Er war ganz Ohr.

»Ich müßte wissen, ob Beni Westemeer, der Weinbaupräsident, irgendwelche persönlichen Beziehungen zum Staatlichen Hofkeller unterhält.«

Der Kellermeister sah Rottmann etwas schräg an. »Wenn Sie mir im Gegenzug zu meiner Verschwiegenheit versprechen, ebenfalls den Mund zu halten, dann sage ich Ihnen was.«

»Klarer Fall.«

»Westemeer hat seine Beziehungen genutzt, um vor etwa einem Jahr seinen Neffen hier im Betrieb unterzubringen. Der junge Mann möchte später gerne auch einmal Kellermeister werden. Habe ich jedenfalls gehört. Wenn Sie mich fragen, hat er nicht das Zeug dazu. Aber auch bei uns sind gute Beziehungen kein Fehler.« Er trank sein Glas leer. »Ich kann mich deshalb noch so gut an ihn erinnern, weil er damals im Betrieb in aller Munde war. Er ist der Weinkönigin heftig nachgestiegen, dieser Feen. Sie hat aber wohl nicht so gezogen.«

»Wie ist sein Name?«

»Leon Nellinger. – Hat er was angestellt?«

Rottmann zuckte nichtssagend mit den Schultern. »Wahrscheinlich nicht. Ich darf nur bei meinen Ermittlungen keine Möglichkeit außer Betracht lassen.«

Rottmann bedankte sich bei Kellermeister Brandstetter für die Information, dann verabschiedete er sich von ihm. Er beneidete Brandstetter sehr um die Aufgabe, die dieser jetzt vor sich hatte.

Nachdem der ehemalige Kriminalbeamte wieder die gute Würzburger Luft eingeatmet hatte, konnte er wieder klare Gedanken fassen.

Zumindest ein Mann auf der Liste hatte also eine konkrete Beziehung zum Hofkeller. Zunächst einmal war das nur eine interessante Information. Sicher war es kein Fehler, diesen Neffen einmal etwas genauer zu durchleuchten. Im Augenblick hatte er allerdings keine Idee, wie er das anstellen sollte. In diesem Moment klingelte sein Handy.

»Hallo, Erich.« Rottmann erkannte Deichlers Stimme sofort.

»Servus, Florian«, grüßte er zurück.

»Du, Erich, ich hätte Lust, mit Dir mal einen Schoppen zu trinken. Hast Du Zeit?«

Jetzt war Rottmann doch erstaunt. »Gerne. Aber bist Du Dir sicher, daß Dein Chef damit einverstanden ist?« Er konnte sich diese kleine Spitze nicht verkneifen.

»Krämer ist vor einer Stunde für zwei Tage nach München ins Landeskriminalamt gefahren. Fortbildung.«

»Also hast Du gewissermaßen sturmfreie Bude. Prima! Sagen wir in einer Viertelstunde im *Ratskeller.* Der ist meist voller Touristen. Da fallen wir beide nicht auf.«

Deichler war einverstanden.

Erich Rottmann war klar, der ehemalige Kollege wollte sich sicher nicht nur mit ihm treffen, um sich ein bißchen mit ihm zu unterhalten. Irgendetwas war da im Busch.

Der *Ratskeller* war, wie erwartet, ziemlich voll. Deichler saß hinten in der Jägerstube und wartete bereits auf ihn. Öchsle hatte Mühe, sich durch die vielen Menschenbeine zu schlängeln, ohne getreten zu werden.

Rottmann ließ sich am Tisch nieder und bestellte beim Kellner einen *Silvaner* vom *Würzburger Stein.* Kaum war der Mann weg, als Rottmann auch schon zur Sache kam.

»Na, Florian, wo drückt denn der Schuh?«

Deichler druckste etwas herum, dann sagte er: »Du kennst doch Krämer. Er ist hundertprozentig davon überzeugt, Pionovsky hätte jemanden beauftragt, Naumann zu beseitigen, damit der Kämmerer nicht gegen ihn aussagen kann. Ich soll Pionovsky in Krämers Abwesenheit anständig in die Mangel nehmen. Krämer erwartet bis zu seiner Rückkehr ein Geständnis.«

»Typisch Krämer. Wie immer schiebt er den Schwarzen Peter anderen zu.«

»Erich, ich kenne Dich doch. Du hast doch bestimmt schon mit der Liste, die Du mir gegeben hast, Ermittlungen angestellt. Ich für meinen Teil konnte nicht viel machen. Soviel habe ich allerdings herausgefunden: Bürgermeister Farmer hat ein Gewehr dieses Kalibers angemeldet. Er war früher mal in der *Königlich Privilegierten Hauptschützengesellschaft* und hat auf Scheiben geballert.«

Rottmann sah ihn an. »Der Schießstand der HSG ist doch direkt neben dem Schützenhof. Schon ein komischer Zufall. Aber denkst Du wirklich, der gutmütige Farmer würde auf einen Menschen schießen?«

Deichler zuckte mit den Schultern. »Denk nur an Dr. Jekyll und Mister Hyde.« Er nahm einen Schluck von seinem Wein. »Vielleicht machen wir den Fehler, daß wir nur an Geld als Motiv für die Bluttat denken. Was, wenn der Mord eine ganz andere Ursache hat? Zum Beispiel politisches Ränkespiel ...«

»... oder einfach nur Eifersucht«, setzte Rottmann den Satz fort.

»Wie kommst Du denn auf so etwas?« Deichler sah seinen ehemaligen Chef erstaunt an.

Rottmann grinste, dann beugte er sich vor und berichtete dem Kriminalbeamten von den Ergebnissen seiner Ermittlungen. »Diese Nikki Feen scheint eine umschwärmte Frau zu sein. Ihr Bild stand im Schlafzimmer des Kämmerers und im Büro des Referenten der Oberbürgermeisterin. Ich möchte nicht wissen, wo sie ihr Bild sonst noch hinterlassen hat.«

»Aber deswegen einen Mord ...?« Deichler war sehr nachdenklich geworden. Dann stellte er fest: »Erich, Du hast Recht. Man darf Eifersucht als Motiv zumindest nicht außer acht lassen.«

Rottmann nickte und berichtete Deichler von seinen Ermittlungen in Richtung *Staatlicher Hofkeller.* »Der Täter mußte die Leiche schließlich irgendwie unbemerkt in das Faß bringen. Und das konnte er nur, wenn er an einen Schlüssel zum Hofkeller herangekommen ist.« Rottmann erzählte Deichler dann von Leon Nellinger und seiner Verwandtschaft zu Beni Westemeer.

Deichler nahm sein Glas und trank es in einem Zug aus.

»Erich, auf geht's, gehen wir ins Büro. Ermitteln wir ein bißchen – wie in alten Zeiten!«

Rottmann grinste. »Wie in den Zeiten!« Allerdings trank er seinen Schoppen Schluck für Schluck aus. Soviel Zeit mußte sein. Dem Wein zuliebe.

Rottmann und Deichler saßen nebeneinander vor dem Bildschirm, und der Kriminalbeamte hämmerte in die Tasten. Rottmanns Bruyere stand unter Volldampf. Das Büro war so voller Rauch, daß Deichler Mühe hatte, die Bildschirmwiedergabe klar zu erkennen.

Öchsle hatte sich wie immer unter den Schreibtisch verdrückt.

»Also, erkennungsdienstlich ist er bis jetzt noch nicht in Erscheinung getreten«, stellte Deichler fest, der sämtliche Datenbanken nach dem Namen Leon Nellinger durchforstete. »Soweit ich feststellen kann, hat er nicht einmal einen Strafzettel kassiert.«

»Was für ein Heiliger«, kommentierte Rottmann sarkastisch. »Wo wohnt er?«

»Warte.« Deichler klickte verschiedene Symbole an. Dann gab er in die Datenbank des Einwohnermeldeamts eine Buchstabenfolge ein.

Sie lehnten sich zurück, während der Computer arbeitete. Schließlich verkündete Deichler das Ergebnis der Recherche. »Er hat eine Wohnung am *Wittelsbacher Platz.*«

»Worauf wartest Du noch?« Rottmann stand auf und bewegte sich in Richtung Tür.

»Du meinst, wir sollen heute noch …? Es ist schon fast zwanzig Uhr.«

Rottmann blies den Rauch gegen die Decke.

»Mann oh Mann, was bist Du doch für ein Weichei geworden, seit ich diese heiligen Hallen verlassen habe. Los, ruf an und laß Dir von der Fahrbereitschaft einen Wagen geben. Wir müssen Krämers Abwesenheit nutzen. Wenn wir ihm den Täter auf dem Tablett präsentieren können, kann er nichts mehr dagegen machen.«

»Ich habe schon Alkohol getrunken«, gab Deichler noch zu bedenken.

»Einen Schoppen! Meinst Du wirklich, das macht Deiner unterfränkischen Lappenleber etwas aus?«

Deichler griff zum Telefon und orderte einen Wagen.

Damit der Kriminalbeamte keinen Ärger bekam, verließ Rottmann das Haus durch den Haupteingang und wartete draußen, bis Deichler aus dem Hof gefahren kam.

»Hatten die kein ziviles Fahrzeug?«, meckerte Rottmann. Deichler war mit einem älteren Streifenwagen angekommen.

Öchsle hatte Mühe, sich neben den Füßen seines Herrchens zusammenzukauern.

»Keine Chance. Entweder im Einsatz oder defekt. Wir bekommen keine neuen Fahrzeuge. Unsere bayerische Staatsregierung spart sich noch einmal zu Tode.«

Zehn Minuten später parkte Kommissar Deichler den Wagen am *Wittelsbacher Platz.* Sie stiegen aus.

Dem *Terrier* sträubten sich die Nackenhaare. Sein Instinkt sagte ihm, daß er dem Ziel noch nie so nah war.

Der Mann stand in seinem dunklen Wohnzimmer am Fenster und schaute in die schnell fortschreitende Dämmerung hinaus. Der Tod des Kämmerers machte ihn völlig fertig. Seit Jahren hatte er keine Zigarette mehr angerührt. Eine Stunde nach dem Vorfall hatte er schon die dritte geraucht.

Das Gefühl, die Polizei könne jeden Augenblick vor der Tür stehen, wurde immer stärker. Sein Schlaf, sofern man dies überhaupt so nennen konnte, wurde von Schweißausbrüchen und Panikattacken unterbrochen.

Seine täglichen Aufgaben brachten ihn ständig mit Menschen zusammen. Freundlichkeit war ein wesentlicher Bestandteil seines Metiers. Dabei wurde er ganz einfach das Gefühl nicht los, daß ihm jeder das Kainsmal auf der Stirn ansah.

Die Dunkelheit war mittlerweile fortgeschritten. Die Zeit, zu der er fast täglich seine Wohnung verließ, um ziellos durch das *Frauenland* zu laufen, rückte näher.

Er ging hinaus in den Flur zur Garderobe, zog sich seinen dunklen Übergangsmantel an und setzte sich einen breitrandigen Hut auf. Eine Minute später verließ er das Haus.

Deichler schloß das Dienstfahrzeug nicht ab.

»Gottvertrauen?«, fragte Rottmann.

»Nein, das Schloß ist im Eimer«, erklärte der Kriminalbeamte. »Hat jedenfalls der Kollege von der Fahrbereitschaft gesagt.«

Die beiden stiefelten über den Platz. Öchsle spürte die Anspannung der Männer und bereitete sich seinerseits auf einen Polizeihundeeinsatz vor, indem er etwas muskelbetonter lief.

Deichler studierte das Klingelschild. »Hier. Leon Nellinger. Muß im zweiten Stock sein.« Er drückte auf den Knopf.

Geduld vor Klingelschildern lernten Polizeibeamte bereits in der ersten Woche ihrer Ausbildung.

Beim zweiten Mal läutete Rottmann. Das Ergebnis war dasselbe.

In diesem Augenblick ging im Flur das Licht an und eine Person näherte sich der Tür. Eine Sekunde später öffnete ein Mann im Trainingsanzug. Er hatte einen gelben Müllsack in der Hand. Mißtrauisch beäugte er die beiden Gestalten.

»Guten Abend«, sagte Deichler in bester Polizistenmanier. »Wir wollen zu Leon Nellinger.«

»Zweiter Stock«, antwortete der Mann und ging zur Seite. Öchsles freundliches Schwanzwedeln hatte bei ihm jedes Mißtrauen zur Seite gewischt.

Oben angekommen, klingelte Deichler zum dritten Mal, hatte aber wenig Hoffnung, denn die kleine Glasscheibe in der Tür war dunkel.

»Und jetzt?« Deichler wandte sich zur Treppe.

Rottmann begann heftig zu schnüffeln. »Riechst Du es nicht auch?« Er schnüffelte nochmals. »Eindeutig Gas!« Er grinste und zog ein kleines Etui aus der Innentasche seiner Lodenjacke.

»Bist Du verrückt?«, zischte Deichler. »Das kannst Du nicht bringen! Nicht, wenn ich dabei bin!«

Erich Rottmann zog ein Paar Gummihandschuhe aus der Tasche und streifte sie sich über, dann führte er ungerührt das Instrument in den Zylinder. »Schon mal was von ›Gefahr in Verzug‹ gehört? Sagt mal, was hat man euch denn auf der Polizeischule beigebracht?«

Das Schloß knackte leise, und die Tür schwang auf. Stöhnend folgte Deichler seinem ehemaligen Chef in die Wohnung. Der knipste das Licht an, das einen langen, schlauchartigen Flur erleuchtete, von dem mehrere Zimmertüren abgingen.

»Ich schlage vor, Du nimmst die rechte Seite und ich die linke. Wer was entdeckt, schreit. Faß aber nichts an, Du hast keine Handschuhe an.«

Er wartete nicht auf Deichlers Antwort, der noch immer eine beklemmte Miene zog.

Routiniert überprüfte Rottmann Zimmer für Zimmer. Öchsle unterstützte ihn dabei nach Kräften mit seiner Nase.

Es war schon erstaunlich, daß ein einzelner Mann eine derart große Wohnung gemietet hatte. Die Wohnfläche entsprach ja fast der eines Einfamilienhauses.

Als Herr und Hund den letzten Raum auf ihrer Seite betreten und Rottmann den Lichtschalter betätigt hatten, stieß er einen schrillen Pfiff aus.

Das Zimmer war klein. Eher eine größere Besenkammer. Das Licht war dunkelrot und flutete den Raum nur mäßig. Es reichte aber aus, um das zu erkennen, was Rottmann den Pfiff entlockt hatte.

»Sieh Dir das an«, sagte er zu Deichler, der hinter ihn getreten war. »Das ist ein regelrechter Altarraum!«

Tatsächlich war der ganze Raum mit verschieden großen Bildern von Nikki Feen gepflastert. Nikki Feen als Weinkönigin in allen Posen und immer mit anderen Persönlichkeiten. Mitten drin stand ein bequemer Fernsehsessel.

»Das ist der helle Wahnsinn!«, stöhnte Deichler. »Wenn Du mich fragst, ein echter Psycho.«

»Zumindest unsterblich verliebt«, erwiderte Rottmann. »Trotzdem ist das nicht zwingend die Verbindung zur Ermordung Naumanns. Jeder kann sich seine Wohnung tapezieren, wie er will. Ja, wenn wir die Waffe fänden.«

»Wir sehen noch einmal genauer nach«, zeigte sich Deichler auf einmal erstaunlich tatkräftig. »Gib mir bitte einen Deiner Handschuhe, dann kann ich wenigstens die Schränke öffnen, ohne meine Fingerabdrücke zu hinterlassen.«

Auch diese Durchsuchung förderte keine Waffen zutage.

Als sie fertig waren, trafen sie sich wieder im Flur.

»Ich denke, wir verdrücken uns wieder. Ich werde morgen die Beschattung Nellingers anordnen, das bringt uns sicher weiter.«

Rottmann sah seinen ehemaligen Mitarbeiter nachdenklich an. »Ich würde sagen, Florian, Du gehst jetzt. Was ich jetzt vorhabe, ist nichts für Deine sensible Polizistenseele.«

Deichler sah ihn skeptisch an.

»Geh schon!«, wiederholte Rottmann. »Ich bin müde und werde mich in diesem schönen Zimmer in diesen bequemen Sessel setzen und mich ein bißchen ausruhen.«

Deichler wollte widersprechen, aber Erich Rottmann packte ihn an der Schulter und schob ihn in Richtung Ausgang. »Morgen ist Krämer ja noch nicht da. Ich rufe Dich an. – Ach, noch etwas, Du solltest vielleicht Dein Mobiltelefon anlassen. Für alle Fälle.«

Deichler sagte nichts mehr. Er wußte, wenn Rottmann sich etwas in den Kopf gesetzt hatte, dann war dieser dickköpfige *Terrier* nicht mehr davon abzubringen. Wenig später fiel die Tür hinter Deichler ins Schloß.

»So, Öchsle, jetzt bist Du gefragt. Herrchen wird sich jetzt hier in den Sessel setzen und das Licht in der Wohnung ausmachen. Sollte ich einnicken, dann hast Du die Aufgabe mich zu wecken, wenn jemand kommt. Aber rechtzeitig. Und nicht laut losbellen.«

Öchsle wedelte mit dem Schwanz.

Rottmann machte in der ganzen Wohnung das Licht aus. Im Anbetungsraum, wie er ihn nannte, zog er seine Schuhe aus und löschte auch hier die Beleuchtung, dann machte er sich im Sessel bequem.

Öchsle nahm zu seinen Füßen Platz. Sein Kopf war jedoch aufmerksam erhoben.

Das Warten begann.

Rottmann mußte kurz eingeschlafen sein. Das leise Knurren seines Hundes weckte ihn. Sofort wußte er wieder, wo er war. Man hörte von draußen das Geräusch von Schlüsseln, dann wurde die Flurtür geöffnet, und das Ganglicht schien auch ein wenig in den kleinen Raum herein.

Rottmann richtete sich auf, dabei legte er Öchsle vorsichtshalber die Hand auf den Kopf, damit der Rüde still blieb.

Im Flur örte er Kleiderrascheln, dann das Klappern eines Kunststoffkleiderbügels. Einen Augenblick später stand ein Mann in der Türöffnung des kleinen Zimmers. Eine Sekunde später wurde das rote Licht eingeschaltet. Öchsle knurrte.

Der Mann stieß einen heiseren Schrei aus, dann brach er zusammen.

»Na, das ist mir vielleicht ein Sensibelchen«, knurrte Rottmann, stand auf und beugte sich über den Mann. Er tätschelte Nellinger unsanft und rief ihn so wieder in die Gegenwart zurück.

Als Leon Nellinger die Augen öffnete, dauerte es einen Moment, ehe er vollständig bei Sinnen war. Ängstlich starrte er den bärtigen Mann an, der sich über ihn beugte.

»Wer sind Sie?«, fragte er mit zitternder Stimme. »Wie kommen Sie in meine Wohnung?«

Rottmann wollte das Eisen schmieden, solange es noch heiß war.

»Ich bin privater Ermittler.« Auf die zweite Frage ging er gar nicht ein. »Sie haben mit Nikki Feen ein Verhältnis?« Er wies mit dem Daumen auf die Bilder ringsum.

Nellinger richtete sich langsam auf und stellte sich auf die Füße. Rottmann konnte sehen, daß er verlegen wurde. »Nein ..., kein Verhältnis. Ich ..., ich verehre Sie nur sehr.«

»Wo waren Sie am Freitag den dreizehnten dieses Monats, so um Mitternacht herum?«

Rottmann konnte trotz der ungünstigen Beleuchtung sehen, daß Nellinger getroffen war.

»Was …, wie …«, stammelte er.

Manchmal stellte sich ein Schuß ins Blaue als Treffer ins Schwarze heraus. »Ich sage Ihnen was, mein Freund. Sie haben am genannten Datum auf dem Schützenhof den Kämmerer der Stadt Würzburg getötet und die Leiche dann anschließend in einem Weinfaß an Ihrem Arbeitsplatz im Staatlichen Hofkeller verschwinden lassen. Reden Sie nicht um den heißen Brei herum, Sie sind der einzige auf der Liste der Verdächtigen, der freien Zugang zum Weinkeller hat.

Was mir allerdings noch nicht ganz klar ist, ist Ihr Motiv. Was hat ein Mitarbeiter des Hofkellers mit dem Stadtkämmerer zu tun?«

Das saß. Nellinger lehnte sich an die Wand und begann lauthals zu schluchzen. Offensichtlich brach bei ihm ein Damm. Der junge Mann hatte die ganze Zeit eine schwere Last auf der Seele mit sich herumgetragen.

»Ich …, ich wollte ihn nicht töten. Ich …, ich wollte … nur mit ihm reden. Er sollte aufhören, Nikki so zu behandeln!« Er schniefte und wischte sich mit dem Ärmel die Tränen aus dem Gesicht. »Dieser Typ war total besoffen. Er hat nur dreckig gelacht und mir gesagt, er könne mit Nikki machen, was er wolle.« Er verstummte.

»Weiter. Was haben Sie dann gemacht?«

»Mir ist ganz einfach der Gaul durchgegangen. Ich bin zum Schützenhof gerannt. Dort standen vor dem Haus Kisten mit Bocksbeuteln. Ich habe mir einen genommen, bin zurück und habe sie Naumann über seinen Schädel geschlagen. Ich hatte so eine schreckliche Wut.«

»Woher hatten Sie das Gewehr?«

Nellinger sah Rottmann an, als käme seine Stimme von

einem anderen Stern. »Welches Gewehr? – Ich habe Naumann nicht erschossen!

Nachdem ich ihn mit Wein und Blut übergossen vor mir liegen sah, habe ich die Panik bekommen und bin davongelaufen. Es hat lange gedauert, bis ich mich wieder einigermaßen gefangen hatte. Dann bin ich zurück zu ihm, um ihm zu helfen. Er lag aber nicht mehr an der Stelle, wo ich ihn zuletzt gesehen hatte. Ich bin dann der Blutspur gefolgt. Da lag er dann in einer Wiese. Als ich ihn untersuchte, entdeckte ich diese schreckliche Verletzung am Brustkorb, und er lebte nicht mehr.«

»Warum haben Sie nicht die Polizei gerufen?«

Nellinger stöhnte erschöpft auf. »Ich hatte Angst, daß genau das eintrifft, was Sie mir jetzt unterstellen. Die Polizei hätte mir unterstellt, Naumann erst geschlagen und dann ermordet zu haben. Außerdem hatte ich einen Verdacht, wer Naumann erschossen haben könnte.«

Rottmann registrierte diese Aussage, unterbrach den Redefluß des Mannes allerdings nicht.

»Ich dachte halt, die Leiche würde in dem Faß für einige Zeit liegen können, ohne daß sie jemand entdeckt. Irgendwann, wenn Gras über die Sache gewachsen wäre, hätte ich den Leichnam dann endgültig beseitigt. Von der Sache mit dem Bürgermeisterschoppen habe ich leider erst erfahren, als es schon zu spät war.«

Rottmann lehnte sich ebenfalls gegen die Wand. »Wer hat es dann getan?«

Das Gesicht des jungen Mannes wurde verschlossen. »Das möchte ich nicht sagen.«

Der ehemalige Kriminalbeamte sah Nellinger lange an, dann fuhr er fort: »Wollen Sie wirklich für etwas büßen, obwohl Sie nicht der Täter sind? Für den Schlag auf den Kopf werden Sie bezahlen müssen, das ist klar, aber nach meiner Erfahrung wird es nicht lebenslänglich sein. Die Sache mit dem Schuß ist wahrscheinlich Mord. Da gibt es kein Pardon.«

Er ließ seine Worte wirken, dann sagte er: »Wie ich hörte, sind Sie der Neffe von Herrn Westemeer …«

Wieder war Nellingers Reaktion heftig. »Wenn Sie es doch schon wissen, warum quälen Sie mich so?«, schrie er, wobei sich seine Stimme überschlug.

Rottmann bluffte. »Ich möchte, daß Sie es selbst sagen. Nur dann gibt es mildernde Umstände.«

Nellinger wischte sich die Nase. »Nikki Feen ist die uneheliche Tochter meines Onkels!«

Rottmann mußte sich sehr beherrschen, um nicht seine Überraschung zu zeigen.

»Er hat das all die Jahre geheimhalten können. Wenn meine Tante davon wüßte, würde sie ihn sofort rauswerfen. Ihr gehören der Hof und die Weinberge. Onkel Beni wäre über Nacht ein Habenichts. Natürlich würde ihn dann auch der Weinbauverband rauswerfen. Seine ganze Existenz wäre kaputt. Mir hat er es gesagt, als ich mich in Nikki verliebt hatte. Wegen des Verwandtschaftsgrades und so.

Als mein Onkel erfahren hat, daß sich Dr. Naumann an sie heranmacht, wollte er etwas unternehmen, damit sie nicht unglücklich wird. Naumann war ein Filou. Nach außen pflegte er den Schein des Biedermannes. In Wirklichkeit war er ein ziemliches Schwein.

Mein Onkel hat mit Naumann gesprochen und ihn aufgefordert, Nikki in Ruhe zu lassen. Der Typ hat nur gelacht. Onkel Beni hat ihm dann gesagt, daß er der Presse seinen Lebensstil mitteilen würde. Daraufhin hat Naumann einige Zeit Ruhe gegeben. Irgendwann hat er meinem Onkel gesagt, er solle gefälligst den Mund halten. Wenn herauskäme, daß Nikki Feen seine Tochter sei, würde es ihm schlecht ergehen. Daraufhin hat er Nikki noch mehr ausgenutzt. Ich zweifle nicht daran, daß Naumann Onkel Beni rücksichtslos fertiggemacht hätte.«

Nellinger verstummte. Die Schlüsse aus dieser Aussage mußte Rottmann nun selbst ziehen. Er löste sich von der Wand und legte Nellinger die Hand auf die Schulter. »Es ist gut, daß Sie ihr Gewissen erleichtert haben. Leider muß ich die Polizei verständigen. Ich werde denen sagen, Sie hätten sich selbst gestellt.«

Der junge Mann nickte nur. Er war völlig am Ende.

Erich Rottmann zog sein Handy heraus und rief Deichler an. »Florian, kommst Du bitte und holst Herrn Nellinger ab? Er möchte ein Geständnis ablegen. Du kannst allein kommen.«

Eine halbe Stunde später war Florian Deichler da. So diskret wie möglich brachte der Kriminalbeamte den gebrochenen Mann durchs Haus zu seinem Fahrzeug. Die Handschellen ersparte er ihm.

Als er Rottmann anbot, ihn und Öchsle mit in die Stadt zu nehmen, winkte der nur ab. Ihm war jetzt nach frischer Luft.

Als Beni Westemeer am späten Abend das Haus seines Neffen betreten wollte, sah er den Streifenwagen vor der Tür. Der Weinbaupräsident war geschockt. Das konnte nur eines bedeuten: Die Polizei war dem Jungen auf die Spur gekommen.!

Schnell huschte er über die Straße und versteckte sich an der Einmündung zur *Trautenauer Straße* hinter einigen Büschen. Es dauerte nicht lange, dann sah er seinen Neffen mit hängendem Kopf neben einem Mann in Zivil herlaufen. Westemeer kannte seinen Neffen gut. Er wußte, der Junge würde einem Verhör nicht lange standhalten. Eine Welle der Verzweiflung schwappte über ihn hinweg. Jetzt war alles aus! Alles, was er sich ein Leben lang aufgebaut hatte, war verloren! Was sollte er tun? Sein erster Gedanke war Flucht. Aber das war Unsinn.

Die Polizei würde wahrscheinlich schon auf ihn warten, bevor er seinen Bauernhof erreicht hatte.

Mit der Schmach eines Prozesses und der nachfolgenden gesellschaftlichen Ächtung konnte und wollte er nicht leben. Er faßte einen Entschluß. Er verließ sein Versteck und ging über die Erthalstraße langsam in Richtung Landratsamt.

Er war so in Gedanken, daß er die untersetzte Gestalt mit Hund nicht registrierte.

Rottmann wußte schon lange, daß Kommissar Zufall ein unberechenbarer Kollege war, seine heutigen Eskapaden grenzten aber fast schon an ein Wunder.

Als Rottmann nach Deichler das Haus verließ, hatte er am Haupteingang der Universität am *Wittelsbacher Platz* eine Gestalt entdeckt, die ihm irgendwie bekannt vorkam. Es dauerte nur Sekunden, bis er Westemeer erkannte, der in Richtung Erthalstraße lief. Rottmann hatte zwar keine Ahnung, was der Weinbaupräsident vorhatte, folgte ihm aber ohne Zögern.

Der Mann näherte sich der kleinen Seitenpforte neben dem Tor des Landratsamts. Aus einiger Entfernung konnte Rottmann beobachten, daß Westemeer sie mit einem Schlüssel öffnete.

Den Ex-Kommissar traf die Erkenntnis wie ein Blitz. Was hatte Kumpel gesagt? Westemeer war Vertreter des Landrats gewesen? Wahrscheinlich besaß er den Schlüssel noch aus jener Zeit.

Nachdem der Weinbaupräsident im Haus verschwunden war, überlegte Rottmann, was er nun unternehmen sollte. Hier warten? Oder Deichler anrufen und Westemeer auch gleich verhaften lassen? Rottmanns Neugierde siegte. Er wollte ganz einfach wissen, was der Mann um diese Uhrzeit im Landratsamt suchte.

Nach fast einer Dreiviertelstunde tauchte Westemeer wieder auf. In der Hand trug er ein längliches Paket.

»Verdammt«, entfuhr es Rottmann. Er konnte sich denken, was in dem Paket war.

Der Weinbaupräsident sah sich nicht um. Mit dem Paket unterm Arm lief er wenig später die *Seinsheimstraße* hinunter.

Rottmann folgte in sicherem Abstand.

Zwanzig Minuten später machte sich Beni Westemeer am Hintereingang des Staatlichen Hofkellers zu schaffen.

Erich Rottmann überlegte. Wollte er dort etwa die Waffe beseitigen? Einen Augenblick später fiel das Tor hinter dem Mann ins Schloß. Dorthin konnte Rottmann ihm nicht folgen. Jetzt war es Zeit, Deichler zu verständigen.

Es dauerte fast eine Stunde, bis Deichler mit Dr. Schneider, dem Geschäftsführer des Hofkellers, eintraf. Wortlos schloß der Mann auf. Der Kriminalbeamte hatte ihn unterwegs schon informiert.

Sie fanden Beni Westemeer im Flaschenlager. Neben ihm lagen zwei leere Bocksbeutel. Gute Spätlesen, wie Rottmann beiläufig feststellte. Der Weinbaupräsident mußte sie mit wenigen Schlucken geleert haben, denn er war sturzbetrunken.

Neben ihm auf dem Boden lag ein Gewehr. Ein Karabiner 98 aus dem zweiten Weltkrieg im Kaliber 8 x 57 IS. Westemeer mußte sich aus den sichergestellten Waffenbeständen des Landratsamtes bedient haben.

»I …, ich habe es nicht … ge…schafft«, lallte der Mann immer wieder. »Ich … hab … es … einfach nicht geschafft.« Dabei liefen ihm dicke Tränen über die Wangen.

Alle wußten, was er meinte: Die Waffe war geladen. Ohne Widerstand ließ sich Beni Westemeer abführen.

Das Benefizkonzerts der Oberbürgermeisterin sollte um 20 Uhr beginnen. Eineinhalb Stunden zuvor saß Erich Rottmann mit Elvira Stark im *Karthäuser*, gleich gegenüber dem *Mainfranken Theater*. Öchsle wie immer zu seinen Füßen. Elvira hatte dieses Treffen vorgeschlagen, weil, wie sie sagte, man damit den Abend wunderschön einläuten konnte. Insgeheim hoffte sie auch, einige Einzelheiten über die Aufklärung des Falles Dr. Naumann zu erfahren, die nicht in den Medien berichtet worden waren.

Erich Rottmann hatte zugestimmt. Er hoffte, dadurch bei Elvira wieder etwas gutmachen zu können. Wenn er ehrlich war, hatte er sie in den letzten Tagen schon ein wenig harsch behandelt.

Nachdem beide mit einem schönen Schoppen versorgt waren, kam Elvira auch gleich zur Sache: »Was ich noch nicht ganz verstanden habe. Warum hat der junge Nellinger Dr. Naumann eigentlich dort oben auf dem Schützenhof aufgelauert? Und wie kam es, daß Westemeer an dem Tag das Gewehr bei sich hatte?«

Rottmann nahm einen Schluck, dann erklärte er: »Er sagt, er habe Dr. Naumann mehrmals gebeten, seine Finger von Nikki Feen zu lassen. Naumann muß ihn ziemlich verhöhnt haben, weil er natürlich gemerkt hat, daß Nellinger in Nikki total verknallt war.

Am selben Abend, bevor das Treffen auf dem Schützenhof begonnen hatte, hat der Kämmerer Nellinger aus reiner Boshaftigkeit angerufen und ihm gesagt, er habe gerade Nikki in seinem Büro vernascht. Das hat bei dem Jungen eine Sicherung durchbrennen lassen. Woher er erfahren hat, daß Naumann an diesem Abend am Schützenhof anzutreffen war, weiß ich nicht. Vielleicht von seinem Onkel. Jedenfalls hat er ihn abgepaßt, um ihn zur Rede zu stellen.

Naumann war stark angetrunken, das hat die Blutuntersuchung der Leiche erbracht. Es kam in der Nähe des Parkplatzes zum Streit. Dabei hat Nellinger Naumann den Bocksbeutel über den Schädel geschlagen und ist dann davon gerannt. Man hat auf den Flaschenscherben, die ich oben am *Schützenhof* sichergestellt habe, seine Fingerabdrücke gefunden. Als dann seine Wut verraucht war und er wieder klarer denken konnte, wurde ihm die ganze Tragweite seiner Handlung bewußt. Nellinger ist dann zurückgelaufen, um Naumann zu helfen. Er hat ihn tot vorgefunden.

In einer Art Kurzschlußhandlung hat Nellinger den Toten wie ein Paket in Folie eingepackt und in einem Faß im Hofkeller verschwinden lassen. Normalerweise sind diese großen Holzfässer kaum noch in Gebrauch. Sie dienen in erster Linie zum Vorzeigen bei Weinproben. Nellinger hatte keine Ahnung, daß ausgerechnet dieses Faß für den Bürgermeisterschoppen auf dem Marktplatz vorgesehen war. So kam es dann zu dem Leichenfund.«

Das Reden hatte Rottmann durstig gemacht. Er nahm einen Schluck.

»Und wie war das mit Westemeer?«

»Der hatte sowieso vorgehabt, Dr. Naumann an diesem Abend zu erschießen. Die Aktion seines Neffen kam ihm dabei sehr gelegen. Vor allem hatte er ein Problem weniger, da der Junge die Leiche ja schon beseitigt hatte.

Er hat alles gestanden.

Der Kämmerer hatte Westemeer gedroht preiszugeben, daß dieser der uneheliche Vater von Nikki Feen war. Er hat Westemeer so lange mit dem gesellschaftlichen Ruin gedroht, bis dieser schließlich durchdrehte. Aus seiner Zeit als stellvertretender Landrat hatte Westemeer noch Schlüssel zum Landratsamt und er wußte genau, wo im Hause die von der Ordnungsabteilung sichergestellten Schußwaffen und die Munition aufbewahrt wurden. Genaugenommen war der Plan ziemlich wasserdicht. Selbst wenn er unter Verdacht geraten wäre, hätte keiner daran gedacht, die Waffen im Landratsamt zu untersuchen. Man hätte ihm nichts beweisen können. Die Aufdeckung des Falles war wirklich ein Zufall.«

»... oder das Ergebnis Deiner hervorragenden Ermittlungen«, ergänzte Elvira. Sie schenkte ihm einen bewundernden Blick. »Warum hat Dr. Naumann das eigentlich alles gemacht?«

Rottmann zuckte mit den Schultern. »Fragen können wir ihn ja nicht mehr. Aber ich vermute, es hat ihm ganz einfach Spaß gemacht, Macht über Menschen auszuüben. Zudem waren er und Westemeer in derselben Partei. Möglicherweise hat er auf Westemeers Posten spekuliert. Als Kämmerer in Würzburg kann man ja keine Karriere machen. Wer nimmt denn schon den Manager eines Pleiteunternehmens?«

»Das ist aber böse!« Elvira drohte ihm mit dem Finger. »Wo sich unsere Rialena solche Mühe gibt, den Laden wieder auf die Beine zu bringen.«

»Du hast Recht«, gab Erich Rottmann zurück. Er warf einen Blick auf die Uhr. »Ich denke, wir sollten uns auf den Weg machen. Die Kultur wartet.«

Er zahlte und sie brachen auf.

Um halb acht waren alle *Schoppenfetzer* auf dem überfüllten Vorplatz des *Mainfranken Theaters* versammelt. Alle mit weiblichem Anhang. Als beim letzten Stammtisch in Anwesenheit aller Stammtischbrüder nochmals darüber diskutiert wurde, ob man die Ehefrau, Lebensabschnittspartnerin oder dergleichen mit ins Konzert nehmen solle, hatte Ron Steiner grinsend angemerkt, dies sei doch eine wunderbare Gelegenheit, um etwas »Drachenfutter« zu verabreichen. Damit könne man sich auf lange Sicht das Verständnis des Anhangs für künftige Stammtischsitzungen sichern. Der Antrag wurde daraufhin einstimmig angenommen.

Erich Rottmann hatte, zur Verwunderung seiner Kollegen, besonders eifrig zugestimmt, sah er dadurch doch die Möglichkeit, nicht so sehr die Aufmerksamkeit der Kollegen auf sich und Elvira zu ziehen.

Alle hatten sich fein gemacht, die Damen trugen Frisuren, die auch ein extremer Sturm nicht hätte erschüttern können.

»Ach, ich bin ja so aufgeregt«, flüsterte Elvira Rottmann ins Ohr. Sie hatte sich bei ihm eingehängt und vollzog so jede seiner Bewegungen im Paarlauf nach. Insgeheim erhoffte sie sich nach der Vorstellung noch einen netten Abend bei einem guten Schoppen, nach dem Motto: Gehen wir zu mir oder zu Dir?

Erich Rottmann fühlte sich, wie immer, wenn er seinen beengenden feinen Zwirn anziehen mußte, ausgesprochen unwohl.

Öchsle saß zu seinen Füßen und nahm die ihn umgebende Menschenansammlung mit stoischer Gelassenheit.

»Was machst Du eigentlich mit dem Hund?«, wollte Dr. Ritter wissen, seine Angetraute ebenfalls dicht neben sich.

»Wieso? Öchsle hat selbstverständlich auch eine Eintrittskarte«, erklärte Rottmann. »Es kann wohl keiner was dagegen haben, wenn auch der Hund für die Stadt spendet.«

»Willst Du damit vielleicht andeuten, daß unsere so geschätzte Kommune auf den Hund gekommen ist?« Marschmann war mit einer rassigen Blondine erschienen. Jeder fragte sich, wo er diese Frau herhatte.

Rottmann machte nur eine vielsagende Handbewegung.

Die Türen wurden geöffnet, und die kulturinteressierte Menge von Würzburger Bürgern strömte ins Foyer.

»Den Hund können Sie aber nicht mit reinnehmen«, erklärte eine Kartenabreißerin reiferen Jahrgangs und blickte streng über ihre Brille.

»Gnädige Frau«, erwiderte Rottmann, »dieser Hund hat eine gültige Eintrittskarte. Er ist genauso stubenrein wie Sie und ich – das unterstelle ich mal zu ihren Gunsten. Also, lassen Sie uns nun zu dritt rein, oder wollen Sie es verantworten, daß der Stadtkasse drei Eintrittsgelder verloren gehen?«

Mit einem ärgerlichen Zucken ihrer Mundwinkel winkte sie Rottmann, Elvira und Öchsle durch.

Die *Schoppenfetzer* hatten Sitzplätze auf dem Balkon, in der ersten Reihe. Von hier aus hatte man einen ausgezeichneten Blick auf den Zuschauerraum und selbstverständlich auf die Bühne.

Rottmann ließ sich mit Elvira nieder und betrachtete in Ruhe die Menschen tief unter ihm. Am interessantesten fand er das höflich gestelzte Begrüßungsritual der vermeintlichen Prominenz. Man kannte sich und begrüßte sich streng nach Rangordnung. Da war das zufriedene Lächeln der Menschen, die tatsächlich jeder kannte. Und da war das oftmals unterwürfige Verhalten derjenigen, die gerne von jedermann gekannt worden wären.

Mit zehn Minuten Verspätung schwand das Licht, der Vorhang öffnete sich, und das Summen im Zuschauerraum verstummte.

Norbert Klingler moderierte den Abend. Im schwarzen Smoking trat er auf die Bühne und genoß den einsetzenden Applaus.

»Gut sieht er aus, unser Herr Klingler«, freute sich Elvira mit gedämpfter Stimme, als wäre es ihr Sohn.

»Liebe Gäste, liebe Freunde unserer Stadt, liebe Fans von unserer Frau Oberbürgermeisterin, respektive der Künstlerin

Rialene. Ich habe die Freude und die Ehre, Sie heute abend hier an diesem Ort unterfränkischen Kunstschaffens begrüßen zu dürfen. Ich bitte um Verständnis, daß ich die zahlreichen prominenten Gäste unter Ihnen nicht einzeln begrüße, da dies nur von der Zeit des zu erwartenden Gesanggenusses abgehen würde.

Vielen herzlichen Dank Ihnen allen, die Sie durch Ihr Kommen unseren Stadtsäckel ein wenig entlasten werden. Und jetzt Bühne frei für die Künstlerin des heutigen Abends. Begrüßen Sie mit mir ganz herzlich unsere Oberbürgermeisterin Frau Dr. Beckstein-Mannfeld, schenken sie unserer Rialena einen kräftigen Applaus. Der ›Grafeneckart-Blues‹ von der CD ›Lieder für meine Stadt‹ wird ihre erste Darbietung sein.«

Donnernder Applaus brach los.

Elvira Stark kroch Erich Rottmann fast ins Ohr, als sie ihm zuwisperte: »Sie hat mir bei unserem letzten Gespräch anvertraut, daß sie sogar schon ein Angebot von Dieter Bohlen bekommen hat. Wenn es bei der nächsten Wahl nicht mehr klappt, schießt er sie in die Hitlisten.«

Erich Rottmann nickte. Dieser Oberbürgermeisterin traute er fast alles zu.

Rialena trat auf. Lächelnd setzte sie sich auf einen Hocker vor das Mikrofon und legte die Gitarre auf den Oberschenkel. Der Applaus verebbte langsam.

»Danke, meine Damen und Herren, vielen Dank. – Der ›Grafeneckart-Blues‹.« Sie griff in die Saiten und begann zu spielen.

»Sieht sie nicht hinreißend aus«, flüsterte Elvira Stark begeistert. »Schau nur, sie hat sogar einen fränkischen Rechen im Dutt. Wie originell!«

»Psst«, kam es von links, und Elvira verstummte.

Als drei Viertel des ›Grafeneckart-Blues‹ verklungen waren, spürte Elvira plötzlich etwas Schweres auf ihrer linken Schulter. Erstaunt sah sie zu ihrem Begleiter hinüber. Erich Rottmanns Kopf war zur Seite gefallen. Der Kunstgenuß hatte ihn in Tiefschlaf versetzt.

Elvira seufzte unhörbar. Sie hatte den starken Verdacht, daß sie ihre nach-konzertliche Planung wohl vergessen konnte. So, wie die Sache aussah, stand Rottmanns Hormonspiegel im diametralen Verhältnis zu seinem Schlafbedürfnis.

Elvira Stark bemühte sich trotzdem, keine Bewegung zu machen. Sie genoß diese Art von Intimität, die immer noch besser war, als gar keine. Zumindest ließ sie sie weiter hoffen.

Sie konzentrierte sich auf Rialenas nächstes wunderschöne Lied, die »Ballade von den Würzburg-Arkaden« – eine kommunalpolitische Moritat.

Öchsle lag wie immer zu Füßen seines Herrchens. Seine Schnauze hatte er auf Rottmanns abgetretene, wohlduftende Treter gelegt. So war die Welt für ihn in Ordnung.

Zweite Auflage 2005

Umschlaggestaltung von Peter Hellmund
Lektoriert von Claudia Krug
Gesetzt aus der Minion von Robert Slimbach
Gedruckt und gebunden von Clausen & Bosse, Leck
 ISBN 3-9808253-6-1

buchverlag.hellmund.de

AVENTURES SUR MESURE

Mon journal emoji™

C'EST TOI LE HÉROS !

Texte : Catherine Kalengula.
Conception graphique du roman : Audrey Thierry.
Mise en pages : Caroline Rimbault.

Hachette Livre, 58, rue Jean-Bleuzen, 92178 Vanves Cedex.

AVENTURES SUR MESURE
Mon journal
emoji™
C'EST TOI LE HÉROS
hachette JEUNESSE

Comment lire ce livre ?

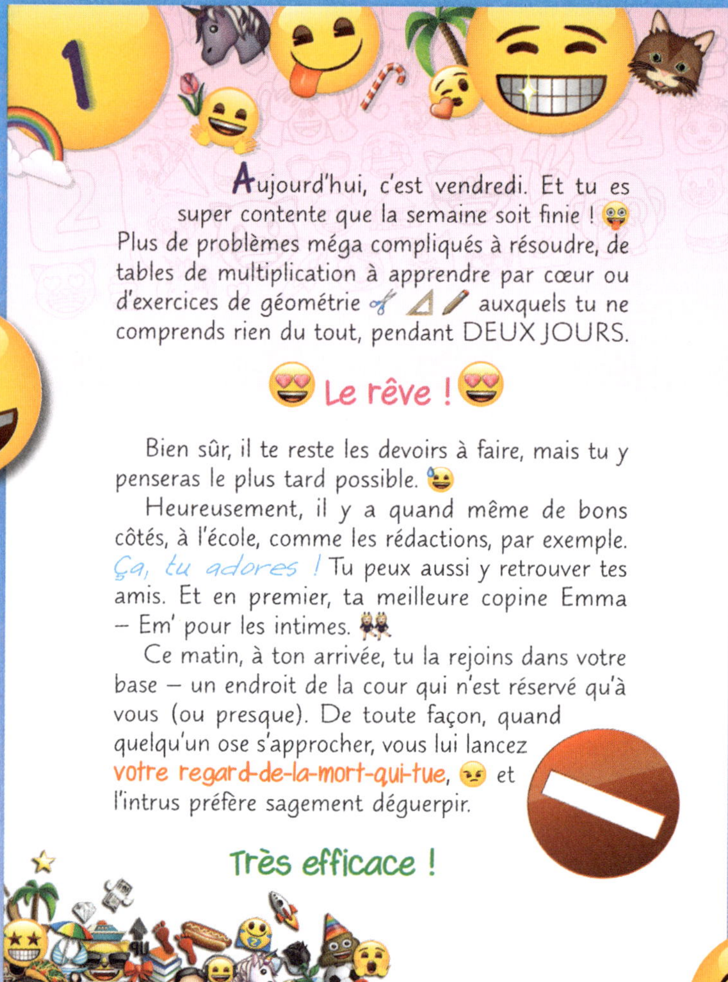

1

Aujourd'hui, c'est vendredi. Et tu es super contente que la semaine soit finie ! Plus de problèmes méga compliqués à résoudre, de tables de multiplication à apprendre par cœur ou d'exercices de géométrie auxquels tu ne comprends rien du tout, pendant DEUX JOURS.

Le rêve !

Bien sûr, il te reste les devoirs à faire, mais tu y penseras le plus tard possible.

Heureusement, il y a quand même de bons côtés, à l'école, comme les rédactions, par exemple. *Ça, tu adores !* Tu peux aussi y retrouver tes amis. Et en premier, ta meilleure copine Emma – Em' pour les intimes.

Ce matin, à ton arrivée, tu la rejoins dans votre base – un endroit de la cour qui n'est réservé qu'à vous (ou presque). De toute façon, quand quelqu'un ose s'approcher, vous lui lancez votre regard-de-la-mort-qui-tue, et l'intrus préfère sagement déguerpir.

Très efficace !

Les chapitres

Pour repérer les chapitres, cherche les numéros comme celui-ci. Ils apparaissent en haut de page.

Plus de doute : ta maîtresse a vraiment des super-pouvoirs !

Sourcils froncés, elle regarde ton cahier, sur lequel tu as juste dessiné des gribouillis. Et elle n'a pas l'air contente du tout, du tout.

— Julie, tu changes de place.

Tu es furieuse !

Que vas-tu faire ?

Essayer d'attendre la récré pour enfin savoir ce qu'Emma a à te dire (enfin, si tu arrives !). Dans ce cas, va en 5.

Tenter une autre solution. Alors, fonce en 6 !

Les choix

À chaque fin de chapitre, ce visuel t'indique où continuer ta lecture.
S'il indique « va en 41 », tu devras chercher le chapitre 41 pour continuer ton aventure.
Attention, parfois, deux choix te sont proposés... à toi de faire le bon !

Coucou ! Toi, c'est Lili !

Interdiction formelle de t'appeler Julie

Tu vis avec ta mère, Sandrine, ton beau-père, Olivier, et ta petite sœur, Inès – elle a quatre ans, et disons que *tu es un peu son modèle !*

Pourtant, ta vie n'est pas toujours facile ! Tu as plein d'émotions à l'intérieur de toi. C'est comme un tourbillon ! Heureusement, tu as trouvé la solution parfaite pour t'aider : **écrire un journal intime**. Bon, OK, il ne peut pas te donner de conseils, mais ça fait du bien de dire ce qu'on ressent, même à un morceau de papier.

Sinon, question confidences, tu peux compter sur ta meilleure copine, Emma – **la fille la plus géniale de l'univers** (eh oui, tu as une chance INCROYABLE !). Et **Marcel**, à qui tu peux raconter n'importe quel secret. La preuve : tu lui lis ton journal chaque soir, et il garde tout ça pour lui. Oui, c'est un chat. Et alors ?

Ce matin, Em' t'a invitée à l'accompagner dans le **MEILLEUR** parc d'attractions du monde, ce week-end, juste toutes les deux (et son frère, Théo, mais là n'est pas la question.) Ça va être **le plus beau jour de ta vie**, c'est évident ! Mais d'abord, il faut réussir à convaincre ta maman de te laisser y aller...

À toi de jouer, c'est parti !

1

Aujourd'hui, c'est vendredi. Et tu es super contente que la semaine soit finie ! Plus de problèmes méga compliqués à résoudre, de tables de multiplication à apprendre par cœur ou d'exercices de géométrie auxquels tu ne comprends rien du tout, pendant DEUX JOURS.

Le rêve !

Bien sûr, il te reste les devoirs à faire, mais tu y penseras le plus tard possible.

Heureusement, il y a quand même de bons côtés, à l'école, comme les rédactions, par exemple. *Ça, tu adores !* Tu peux aussi y retrouver tes amis. Et en premier, ta meilleure copine Emma – Em' pour les intimes.

Ce matin, à ton arrivée, tu la rejoins dans votre base – un endroit de la cour qui n'est réservé qu'à vous (ou presque). De toute façon, quand quelqu'un ose s'approcher, vous lui lancez **votre regard-de-la-mort-qui-tue**, et l'intrus préfère sagement déguerpir.

Très efficace !

Aujourd'hui, Em' semble t'attendre avec impatience. Elle a un large sourire en te voyant, et ses yeux brillent comme deux étoiles. Tu es prête à parier qu'elle a **quelque chose d'hyper important à t'annoncer**. C'est que tu la connais bien, ta copine !

Tu t'empresses de l'interroger :

— Qu'est-ce qu'il y a ?

— Oh, Lili, si tu savais ! J'ai un truc génial à te dire ! te confirme-t-elle.

Elle a l'air si excitée qu'*elle te fait penser à une cocotte-minute sur le point d'exploser*.

— C'est quoi ? tu lui demandes.

Tu as vraiment hâte d'en savoir plus ! Mais voilà que **la sonnerie retentit pile au même instant**.

Quoi, déjà ?

Tu n'en reviens pas !

Emma voit ta tête déçue, et elle se penche pour te murmurer :

— T'inquiète, je te raconterai tout à la prochaine récré. Promis.

Mouais. Autrement dit dans **deux longues, interminables heures**.

Vas-tu pouvoir tenir jusque-là ? Rien n'est moins sûr...

Si la prochaine récré te paraît à des années-lumière, loin, TROP loin, et que tu ne vas pas pouvoir t'empêcher de chuchoter en classe – tu le fais souvent et tu récoltes juste un « Julie, un peu de silence, s'il te plaît ! » de Mme Cantepie –, file en 2.

Si tu te sens vraiment super forte ce matin, et que tu penses pouvoir attendre (peut-être...), va en 3.

Ou si tu veux tenter d'en savoir plus, en essayant de ne pas te faire gronder par la maîtresse, cours en 4.

2

Toi, attendre jusqu'à la prochaine récré, **et puis quoi encore ?** La maîtresse commence la journée par une leçon de maths. De quoi t'endormir direct. Pour te remonter le moral, tu as besoin d'une super nouvelle, là, tout de suite, maintenant !

Pendant que Mme Cantepie écrit au tableau, *tu te mets à chuchoter le plus bas possible*. Franchement, il faudrait avoir les oreilles de Spider-Man pour t'entendre ! Au pire, tu te dis que si la maîtresse y parvient quand même – on ne sait jamais, elle a peut-être des super-pouvoirs ? –, elle va juste te gronder.

Pas de quoi en faire toute une histoire !

— Em', je ne peux pas attendre la récré. C'est quoi la super nouvelle, dis ?

Et là, **vlam**, Mme Cantepie se retourne. À croire qu'elle a collé des micros sous ton bureau, comme dans les films d'espionnage ! Il faudra que tu vérifies à l'occasion.

— Julie, tu pourrais te taire et te concentrer sur ton travail, s'il te plaît ?

Tu prends un air angélique et tu hoches sagement la tête – *ça marche à tous les coups*. Avec un soupir, la maîtresse se remet à écrire au tableau. Des multiplications avec un tas de chiffres à n'en plus finir. 💯

L'horreur !

En recopiant les opérations sur ton cahier, tu manques de t'évanouir. × ÷ + − Vite, une calculatrice ! Mais bien sûr, c'est interdit.

Alors, pourquoi est-ce que les adultes s'en servent tout le temps, hein ? **Mystère !**

Tu essaies de résoudre la première multiplication, mais très vite, l'ennui te gagne, et tu repenses à *la nouvelle super géniale que doit t'annoncer Emma*.

La maîtresse est désormais assise à son bureau, et elle ne te regarde pas. Tu profites de l'occasion.

— Em', tu veux me dire quoi ? tu lui murmures, en prenant bien soin de ne pas lever le nez de ton cahier. 📕

Tandis que ta copine s'apprête à répondre, tu aperçois une ombre au-dessus de toi. **Mme Cantepie !** Mais comment a-t-elle fait pour te rejoindre aussi vite et sans bruit ?

Plus de doute : ta maîtresse a vraiment des super-pouvoirs !

Sourcils froncés, elle regarde ton cahier, sur lequel tu as juste dessiné des gribouillis. Et elle n'a pas l'air contente du tout, du tout.

— Julie, tu changes de place.

Tu es furieuse !

Que vas-tu faire ?

- **Essayer d'attendre la récré pour enfin savoir ce qu'Emma a à te dire (enfin, si tu arrives !). Dans ce cas, va en 5.**

- **Tenter une autre solution. Alors, fonce en 6 !**

3

Ce matin, tu te sens l'âme d'une super-héroïne – Wonder Woman, peut-être. Oui, c'est ça, tu t'appelles... **Wonder-Lili !** 🤗 Après tout, la prochaine récré va vite arriver... ou pas.

Tu n'aurais jamais imaginé que deux heures puissent être aussi longues. Tu gardes les yeux rivés sur la pendule, accrochée près du tableau, et tu pourrais jurer que les aiguilles ne bougent pas, *juste pour t'embêter* ! 😐

Quoi, ça fait seulement dix minutes que les cours ont commencé ?

Tu n'y crois pas ! 😳

La maîtresse écrit des opérations au tableau. Comment peut-elle commencer la journée par une leçon de maths ?

Elle ne sait pas que vous venez de vous réveiller ?

Avec un énorme soupir, tu recopies les chiffres sur ton cahier, et tu essaies de calculer. Mais très vite, tu t'ennuies et ton esprit se met à voyager. 😔

Tu te demandes ce qu'Em' va t'annoncer. En tout cas, à voir sa tête, ça doit être incroyable !

Tu imagines plusieurs possibilités.

Ta copine va-t-elle enfin avoir un animal ? Elle en rêve depuis si longtemps ! Toi, bien sûr, tu la laisses caresser Marcel autant qu'elle le veut quand elle vient chez toi, mais ça ne remplace pas un petit compagnon, rien qu'à elle.

Ou alors, a-t-elle remporté le concours « Rencontre tes stars préférées » ? Celui ou celle qui gagne le premier prix va pouvoir passer toute une journée avec les « Pop Girls », un groupe de filles qui chante trop bien !

Bon, Théo, le frère d'Emma, a dit que vu le nombre de personnes qui allaient jouer, il y avait à peu près **une chance sur dix millions de gagner**. Dit comme ça, c'est plutôt décourageant. Mais une chance sur dix millions, c'est toujours mieux que rien, non ?

Soudain, la maîtresse te surprend en train de rêvasser – tu mâchouillais ton crayon en regardant par la fenêtre. **Tu te replonges aussi sec sur ton cahier.**

Pas envie de te faire gronder !

Penser à la super récré qui t'attend te permet de tenir le coup. Tu peux déjà entendre les cris de joie d'Emma, et les tiens. Vous allez sûrement danser comme des folles dans la cour, et les autres vont vous regarder d'un drôle d'air.

Cette pensée te donne le sourire...

Tu transpires sur les maths, mais tu finis par résoudre toutes tes opérations. Tu n'es pas peu fière de toi ! Maintenant, place à une leçon de français !

Ah, ouf ! Tu préfères ça ! Ce matin, Mme Cantepie vous demande de raconter votre meilleur souvenir de vacances. Toi, tu parles de la fois où tu es allée chez la mamie d'Emma, avec ta copine. C'était génial ! Alors, tu écris, tu écris...

Et finalement, la récré arrive plus vite que tu ne le pensais.

Tu as bien mérité d'aller en profiter, en 7 !

4

C'est bizarre, mais c'est un peu comme s'il y avait deux Lili en toi. La première sait que la maîtresse lui reproche tout le temps d'être bavarde en classe, et elle n'a aucune envie d'être punie.

L'autre veut absolument savoir ce qu'Em' a à lui dire !

Laquelle vas-tu écouter ?

Après réflexion, tu finis par trouver une super idée.

Il suffit d'écrire des messages ! C'est simple, efficace et surtout, complètement silencieux.

Le plan parfait.

Tandis que Mme Cantepie a le dos tourné, tu écris quelques mots sur un morceau de papier, ni vu, ni connu. Puis, tu fais doucement glisser ton message sous ton bureau, en direction d'Emma.

La maîtresse ne remarque rien. Elle est occupée à écrire des multiplications super compliquées au tableau – le genre de calculs qui te donnent envie de fuir en courant.

Tu es contente (pas pour les calculs, mais de voir que Mme Cantepie ne fait pas attention à toi).

Tu as juste oublié un petit détail. Un détail qui porte des lunettes, et qui s'appelle *Mathis*. C'est le garçon le plus sérieux de la classe, mais aussi le plus curieux. Toujours à se mêler de ce qui ne le regarde pas !

Il est assis près de toi, de l'autre côté de l'allée qui sépare la salle en deux.

— Lili, tu fais quoi ?

Vite, tu reprends ton message.

— Chut ! tu murmures à Mathis. Tais-toi.

Trop tard. Mme Cantepie t'a entendue.

— Il y a un problème, Julie ?

En un éclair , elle vient voir ce que tu fabriques. **Ça alors !** Comment a-t-elle fait pour se déplacer aussi vite ? Elle doit avoir des chaussures spéciales, dotées de mini-fusées. **Impossible autrement !**

Tu n'as même pas le temps de cacher le message. Elle le lit, avant de regarder ton cahier.

— Où sont tes multiplications ? ✖

Tu baisses la tête, rouge comme une tomate. Alors que les autres ont déjà terminé leurs calculs, toi, tu n'as même pas encore commencé. Tu sens la punition arriver. Tu espères juste qu'elle ne sera pas trop sévère.

— Julie, tu resteras en classe pendant la récré pour travailler, déclare la maîtresse.

Alors, là, c'est vraiment la pire chose qui pouvait t'arriver ! Tout ça, à cause de Mathis ! Tu es furieuse !

RECOMMENCE !

5

Tu lances un regard triste à Emma, avant de rassembler tes affaires. Pendant ce temps, la maîtresse scrute la salle, à la recherche de ton futur voisin ou de ta future voisine. *Dans ta tête, tu croises les doigts.* Pourvu que ce soit une fille ou un garçon que tu aimes bien ! Léa, ou Mathilde, peut-être, mais surtout pas Mathis !

— Julie, tu vas te mettre à côté de… Mathis, t'informe Mme Cantepie.

Tandis que tu manques de tomber à la renverse, Em' grimace. **Mathis est le garçon le plus sérieux de la classe, et le plus curieux aussi.** Toujours à fourrer son nez dans les affaires des autres ! Et forcément, aujourd'hui, son voisin est malade. Il y a donc une place libre à côté de lui.

Pas de chance !

Impitoyable, la maîtresse te dit de te dépêcher, et tu quittes ta place à regret.

À ton arrivée, **Mathis t'examine d'un air soupçonneux** à travers ses lunettes.

— J'espère que tu ne vas pas faire de bruit, te prévient-il d'un ton sec. Moi, j'ai besoin de me concentrer.

Pfft, ça promet ! Une chose est sûre : avec lui, tu ne vas pas rigoler !

Mais il y a quand même un bon côté : comme tu ne pourras pas bavarder, tu ne risques plus d'être punie.

Tu essaies de te consoler avec cette idée.

Sans succès.

Qu'est-ce que tu t'ennuies ! Au bout de quelques minutes, c'est plus fort que toi, tu te tournes vers Emma, qui est assise juste de l'autre côté de l'allée séparant la salle en deux.

— Em', tu chuchotes le plus bas possible. **Qu'est-ce que tu voulais me dire, tout à l'heure ?**

— Je t'ai dit de ne pas faire de bruit ! s'énerve très fort Mathis.

— Rôôô, mais tais-toi ! tu lui rétorques, effarée.

La maîtresse vous entend.

— Que se passe-t-il, là-bas ? demande-t-elle.

— C'est Julie, explique ton voisin. Elle n'arrête pas de bavarder !

Tu n'as pas de mot pour dire à quel point il t'énerve ! Tu t'attends à une nouvelle punition, en te demandant ce que ça va être, cette fois.

Mme Cantepie vous regarde tour à tour, Mathis et toi.

— Vous resterez tous les deux en classe pendant la récré.

Super vexé, Mathis marmonne qu'il n'a rien fait. Si tu n'étais pas punie toi aussi, **ça te donnerait presque envie de rire...**

Sur ton cahier, tu poses une opération (facile, celle-là) :

Pas de récré =
pas de confidences entre copines.

RECOMMENCE !

6

Tu comprends au regard de Mme Cantepie que la supplier ne servirait à rien. S'il y avait un concours des maîtresses les plus sévères de la Terre, tu es sûre que la tienne remporterait la médaille d'or ! Tandis qu'elle réfléchit à ta future place, tu jettes un regard désolé à Emma. **Elle te sourit d'un air tristounet.**

— Julie, déclare finalement Mme Cantepie. Comme Lilian est malade, tu vas pouvoir t'asseoir à côté de Mathis.

Là, tu as envie de hurler à l'injustice ! Mathis est le garçon le plus sérieux, mais aussi le plus curieux de la classe. Il se mêle toujours des histoires des autres. Et bien sûr, Lilian est malade justement aujourd'hui.

Pas de chance !

À peine es-tu assise à côté de Mathis que tu t'ennuies déjà. Tu veux lui demander un renseignement au sujet des multiplications (tu ne sais jamais ce qu'il faut faire des retenues), mais **il fronce les sourcils au-dessus de ses lunettes**.

— Chut ! murmure-t-il, mécontent. J'ai besoin de me concentrer !

Eh bien, ça promet !

Il y a quand même un bon côté dans ton malheur : **Emma est assise juste de l'autre côté de l'allée qui sépare la salle en deux.**

Pendant que Mathis est occupé à résoudre ses opérations, tu écris discrètement un petit mot pour ta copine.

« Dis, c'est quoi le truc génial que tu dois m'annoncer ?

Réponds-moi, s'il te plaît !»

Mathis ne remarque rien. Ouf ! Tel que tu le connais, tu es certaine qu'il te dénoncerait sans hésiter !

Tu chiffonnes doucement, tout doucement, ta feuille pour la transformer en boulette de papier. Comme ça fait un peu de bruit, tu fais exprès de tousser en même temps. Mathis n'y voit que du feu.

Super !

Tu fais un petit signe à Emma, avant de lui envoyer ta boulette... **Ça fonctionne !**

Elle déplie ton message, puis écrit sa réponse. Retour à l'envoyeur.

Ça alors, Em' a dessiné une silhouette de pirate – elle a écrit ton prénom, juste au-dessus de sa tête, avec une flèche… Tu n'y comprends rien !

Mais la maîtresse t'observe. Alors, tu préfères sagement ne pas renvoyer d'autre message.

Emma te regarde en souriant, et tu lui rends son sourire. Puis, tu te plonges dans tes opérations. Tous ces chiffres te donnent le tournis. × ÷ + −

Mais ils ont au moins le mérite de t'occuper… Tu vérifies le premier résultat que tu as trouvé en le comparant avec celui de Mathis. C'est le même ! **Tu es trop contente !**

— Eh, ronchonne ton voisin, arrête de regarder sur mon cahier !

Tu te contentes de hausser les épaules. Puis, tu jettes un coup d'œil à la pendule, accrochée près du tableau. La prochaine récré approche à grands pas ! Tu repenses au dessin d'Emma. Toi en pirate, mais qu'est-ce que ça peut bien vouloir dire ?

En tout cas, ça a l'air chouette…

Tu as souffert, mais ça y est ! Tu vas enfin découvrir ce qu'Em' a à te dire. Fonce en 7 !

1

Ça a été les deux plus longues heures de ta vie, mais elles sont enfin terminées ! Tu files dans la cour, folle de joie, et tu accompagnes Emma dans votre base. Tu es si impatiente que tu n'arrives même plus à parler. Ta copine semble être à peu près dans le même état que toi.

— Lili, tu sais quoi ? **Ma mère a reçu quatre billets d'entrée pour le parc « Bienvenue chez les Pirates », et...**

— C'est super ! tu l'interromps, ravie pour ton amie.

Comme elle a parlé de quatre billets, tu te dis qu'elle va sûrement y aller avec ses parents et son frère Théo.

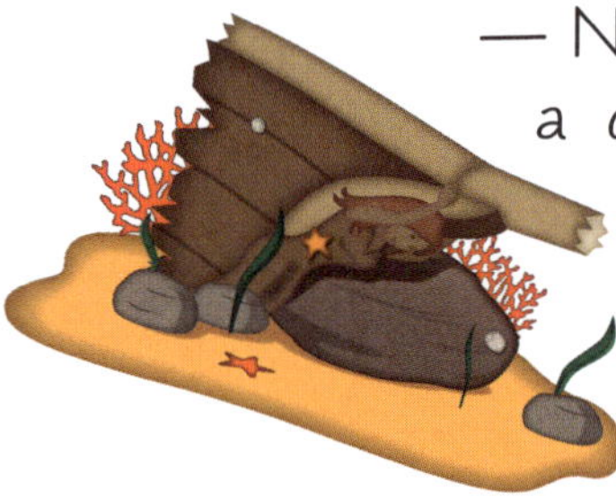

— Non mais, attends ! te crie Em'. Maman a dit à Théo qu'il pouvait inviter un copain, et moi aussi !!! Tu te rends compte ?

Elle te regarde avec insistance, et ça fait tilt dans ta tête. **L'amie qui va accompagner Emma, c'est toi, bien sûr !** Tu es tellement stupéfaite que tu en restes sans voix. Ça fait si longtemps que tu rêves d'aller dans ce parc d'attractions ! À chaque fois que tu reçois des publicités dans ta boîte aux lettres, tu les montres à ta mère – ou alors, tu les laisses bien en évidence sur la table de la cuisine, histoire qu'elle comprenne le message.

Mais ta maman n'aime pas trop ce genre d'endroits, et elle prétend que tu es encore trop jeune pour y aller seule avec tes amis (sans commentaire). Heureusement, tu as la copine la plus géniale du monde, et d'un coup de baguette magique, elle a trouvé la solution ! Théo a quinze ans, ce qui fait de lui un « presque-adulte ».

Tu as encore du mal à y croire, et tu te demandes si tu n'es pas en train de rêver. Peut-être qu'à force de bâiller sur tes multiplications, tu as fini par t'endormir, qui sait ? Tu t'attends à ce que Mme Cantepie vienne te réveiller d'un instant à l'autre. Mais non.

Tu es vraiment dans la réalité !

— On va y aller ensemble ? tu interroges.

— OUIIIII ! hurle Emma – si fort que ça fait siffler tes oreilles.

— Oh non, oh non ! tu réponds, en sautillant sur place. Mais ce n'est pas possible !

Vous vous mettez à crier et à danser comme des folles. D'autres élèves vous regardent, l'air intrigué, mais tu t'en fiches.

C'est le plus beau jour de ta vie ! Enfin presque. Le plus beau, ce sera samedi prochain (pas demain, mais le suivant), quand tu iras jouer les pirates avec Emma !

Après avoir bien crié, tu te calmes un peu.

— Il faut d'abord que j'en parle à ma mère, tu avertis.

— Et tu crois qu'elle sera d'accord ? s'inquiète Em'.

— Ben oui ! tu la rassures. Je vais la convaincre, pas de souci !

Plus facile à dire qu'à faire. Ce que tu crains, c'est que ta maman te dise que tu n'es pas assez grande pour passer un après-midi au parc d'attractions avec ta copine.

Et tu commences à te poser des questions.

Ne devrais-tu pas réfléchir à la meilleure façon de lui présenter les choses ?

Tu as deux idées :

Soit tu optes pour la stratégie de la tête du « mignon petit chat qui fait pitié » (après tout, c'est en faisant cette tête-là qu'Inès obtient toujours tout ce qu'elle veut).

Soit, en digne fille d'avocate, tu dresses toute une liste d'arguments solides comme du roc.

Que choisis-tu ?

Si tu penses que ta mère ne pourra pas résister à ton adorable bouille d'angelot innocent, et que tu as envie de passer tes récrés à rêver de ta sortie avec Emma, au lieu de te casser la tête, va en 8.

Si tu préfères travailler sérieusement pour convaincre ta mère, quitte à devoir sacrifier tes récrés, rends-toi en 9.

8

S'il y a une chose que tu sais, c'est que les récrés ne sont pas faites pour travailler ! Tu te casses déjà assez la tête en classe, comme ça. Pas la peine d'en rajouter ! **Après la cantine, tu te rues dans la cour pour discuter avec Emma.** Bien sûr, vous n'avez qu'un seul sujet à la bouche – et ce ne sont pas les tables de multiplications.

— Eh Em', tu sais quoi ? tu lances. Sur une pub' du parc, j'ai vu la photo d'une attraction trop cool ! Ça s'appelle le « Navire Hanté ». **À l'intérieur, il y a des pirates zombies super effrayants !**

Tu te lèves pour marcher comme un mort-vivant, et tu fais le tour du banc en poussant des grognements. Ton amie éclate de rire.

— Ça a l'air génial, te répond-elle, avant de se pencher vers toi pour murmurer (il y a toujours des oreilles qui traînent dans la cour). Mais, et si jamais j'ai trop peur ?

— T'inquiète, tu lui promets, je serai là !

En secret, tu n'es pas DU TOUT certaine d'être aussi brave lorsque tu te retrouveras devant un pirate zombie. Sans doute que tu hurleras encore plus fort qu'Emma.

Mais qu'est-ce que ce sera amusant !

Ton amie te parle ensuite de son idée : vous pourriez vous déguiser, pourquoi pas ? Tu adores, et tu te vois déjà en Capitaine Lili Crochet !

Pendant la récré de l'après-midi, tu t'entraînes à faire la tête du 😻 « mignon petit chat qui fait pitié » 😻. Alan t'aperçoit et il s'approche de toi.

— Pourquoi tu grimaces, Lili ? te demande-t-il. Tu as mal au ventre, ou quoi ?

Tu préfères ne rien répondre. Heureusement, Em' s'empresse de te rassurer :

— Eh bien, moi, quand tu fais cette tête-là, j'ai envie de te serrer très fort dans mes bras pour te consoler.

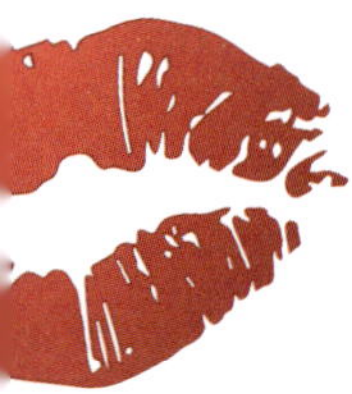

Tu la remercies avec un gros bisou. 😚 **Emma est vraiment la meilleure !** Grâce à elle, tu te sens prête pour ta prochaine mission : convaincre ta mère de t'autoriser à aller au parc d'attractions...

Une fois chez toi, tu attends avec impatience le retour de ta mère. Tiens, la voilà qui rentre justement ! Vite, tu sors de ta chambre et tu fonces vérifier qu'Inès est bien occupée. Elle regarde un dessin animé pour bébés. 👧 *Chouette !* Ça va te laisser le temps de discuter tranquillement avec ta maman.

Tu l'embrasses, pendant qu'elle retire ses bottes.

— Dis m'man, Emma a des billets gratuits pour le parc « Bienvenue chez les Pirates ». Je peux y aller avec elle, s'te plaît ?

Elle lève les yeux vers toi. C'est le moment ! Tu dégaines ta fameuse tête du « mignon petit chat qui fait pitié ».

— Ses parents vont vous accompagner ? te demande-t-elle.

— Non, mais il y aura son frère, Théo...

Tu t'efforces de garder ton expression angélique, le cœur battant. Malheureusement, ta mère secoue la tête.

— Désolée, Lili, tu es encore trop jeune pour ce genre de sortie. Et s'il te plaît, arrête de faire le bébé, d'accord ?

Alors là, c'est vraiment la dernière fois que tu prends exemple sur ta sœur ! Tandis que ta maman s'éloigne vers la cuisine, tu jettes un coup d'œil dans le miroir de l'entrée.

Tu fais pitié, mais c'est juste parce que ton joli rêve vient de s'envoler en fumée. Tu regrettes tellement de ne pas avoir préparé une liste d'arguments !

RECOMMENCE !

9

C'est très dur, vraiment, mais tu te dis que certaines choses valent la peine de sacrifier ses récrés. Et une sortie au parc « Bienvenue chez les Pirates » en fait justement partie !

Pendant que les autres s'amusent, **Emma et toi dressez toute une liste d'arguments.** Heureusement que ta copine est là pour te soutenir !

— Et si tu parlais d'abord de Théo ? te suggère-t-elle. Tu pourrais dire qu'il est super sérieux, tout ça, tout ça ?

Tu souris. À force d'être tout le temps ensemble, Em' emploie les mêmes expressions que toi ! Tu t'empresses d'écrire son idée.

— Je vais dire que Théo est un garçon calme, et qu'il veillera bien sur nous, tu précises, avant de te mettre à réfléchir. Je pourrais aussi expliquer qu'il s'occupe de toi, tous les mercredis ? Ça montrerait qu'il a un très grand sens des responsabilités. Tu en penses quoi ?

Em' acquiesce avec enthousiasme.

Et hop, voilà un nouvel argument ajouté à ta liste !

— En plus, c'est une chance d'avoir une entrée gratuite, souligne ta meilleure amie.

— Grave ! tu approuves, en écrivant aussitôt cette super idée.

Tu parles également du merveilleux souvenir que te laissera cette sortie, et du fait que si ta maman accepte, tu ne lui demanderas plus aucune faveur jusqu'à la fin de ta vie.

Avec tout ça, elle va forcément dire oui !

Vous travaillez tellement que vous ne voyez pas la journée passer. Em' et toi, vous croisez très fort les doigts...

Le soir, alors que tu te trouves dans ta chambre, et que tu écris dans ton journal, tu entends soudain la porte d'entrée. Tu bondis de ta chaise.

Ça y est, ta mère est enfin rentrée du travail !

Que fais-tu ?

Tu es si impatiente de connaître sa réponse que tu fonces lui parler tout de suite de l'invitation d'Emma, en 10.

Tu penses être capable d'attendre le dîner (mais pas davantage !), va en 11.

10

C'est vendredi – la meilleure journée de la semaine pour les mamans aussi ! Alors, tu te dis que la tienne sera forcément détendue.

Et puis, tu ne peux pas attendre une seconde de plus !

À peine ta mère a-t-elle ôté son manteau, que tu te lances dans tes explications.

— M'man, tu sais quoi ? La mère d'Emma a reçu quatre billets gratuits pour le parc « Bienvenue chez les Pirates ».

— Ah oui ? s'intéresse-t-elle, en se tournant vers toi.

Ça commence bien. Tu es contente ! *Tu poursuis, un grand sourire aux lèvres.*

— Elle a proposé à Théo d'y aller avec un de ses copains, et Emma m'a…

Tu n'as pas l'occasion de terminer ta phrase. Une petite tornade infernale surgit entre ta maman et toi. C'est Inès ! **Mince, tu as oublié l'une de tes règles de survie :** avant d'aborder un sujet important, toujours t'assurer que ta petite sœur n'est pas dans les parages (ou qu'elle est très occupée).

Inès se met à parler. Parler. Parler.

— Et maman, aujourd'hui, le maître nous a appris une nouvelle comptine...

Oh non, voilà qu'elle se met à chanter, maintenant ! Bien sûr, elle n'arrête pas de se tromper et de recommencer. Ça prend des heures !

Impossible pour toi de placer une seule parole.

— Oui, donc, je te disais... tu l'interromps, en regardant ta maman.

— Non, non, moi d'abord ! se met à hurler Inès.

Tu adores ta petite sœur, mais il y a des moments où elle t'agace vraiment !

Ta mère vous sourit, sans vous écouter, ni l'une, ni l'autre.

— Pardon les filles, finit-elle par vous dire. Je suis un peu fatiguée, et j'aimerais bien me détendre. On aura le temps de discuter ce week-end, d'accord ?

Oui, mais toi, tu n'auras jamais la force d'attendre jusque-là !

11

Tu es vraiment fière de toi ! Ça t'a demandé une tonne d'efforts, mais **tu as finalement réussi à patienter jusqu'au dîner**.

Comme d'habitude, ta petite sœur est un vrai moulin à paroles : « Et le maître est super gentil, et j'ai peint des jolies fleurs, et ma copine Violette m'a montré comment faire du vélo, à la récré... »

Bla-bla-bla.

Comment peut-on avoir autant de choses à dire à quatre ans ? Ça te dépasse !

Heureusement, au dessert, Olivier ton beau-père a préparé un délicieux fondant au chocolat – l'un des gâteaux préférés d'Inès. Pendant qu'elle a la bouche pleine, **tu en profites pour passer à l'action**.

— Au fait m'man, aujourd'hui, Emma m'a annoncé une super nouvelle. Alors, voilà...

Tu n'oublies pas ta liste soigneusement préparée – d'ailleurs, tu la sors de ta poche, histoire de ne rien oublier. Tu ajoutes aussi que tu feras très attention, et qu'avec Emma, vous ne vous éloignerez jamais à plus de dix centimètres de Théo et de son copain.

Tout ça, tout ça.

Tu termines avec ton argument fatal : *ta promesse de ne plus rien demander à ta mère jusqu'à la fin de tes jours* (enfin, disons, au moins jusqu'au mois prochain).

Tu es essoufflée à force d'avoir parlé sans t'arrêter, mais tu as réussi. Maintenant, tu attends la réponse, le cœur battant...

Pourvu que ta maman dise oui !!!

Mais ce n'est pas elle qui ouvre la bouche en premier, c'est... Inès.

— Moi aussi, je veux jouer aux pirates ! crie-t-elle.

Tu la regardes, effarée. Oh non, elle risque de tout gâcher ! Jamais votre maman ne la laissera vous accompagner. Et si elle refusait aussi que tu y ailles, pour ne pas faire de jalousie ?

Cette idée te fait complètement paniquer. Tes mains tremblent, tu te mords la lèvre...

— Tu es beaucoup trop petite, ma puce, finit par déclarer ta mère, en regardant Inès.

À cet instant, tu as envie de hurler : « Et moi, alors ? » Mais tu réussis à te taire. Quelques secondes passent, qui te semblent durer mille ans.

L'enfer !

Enfin, tu entends ta maman soupirer. Mauvais signe (elle s'apprête à détruire tes rêves sans aucune pitié) ou bon signe (tu as gagné la partie) ?

Tu ne vas pas tarder à en avoir le cœur net.

Pendant qu'Inès boude dans un coin en marmonnant des « C'est pas juste ! », tu attends le verdict.

— Entendu, Lili, accepte ta mère.

Deux mots. Les plus beaux du monde ! Si tu t'écoutais, tu grimperais sur la table et tu te mettrais à danser. Mais bon, vu qu'il y a encore le gâteau et les couverts, tu préfères sagement abandonner cette idée.

Pourtant, il y a trop de joie en toi. Il faut qu'elle s'exprime, de toute urgence ! D'un bond, tu te lèves et tu vas embrasser ta maman.

— Oh, merci !!!

— De rien, ma chérie. Mais je te fais confiance. Tu seras bien prudente, d'accord ?

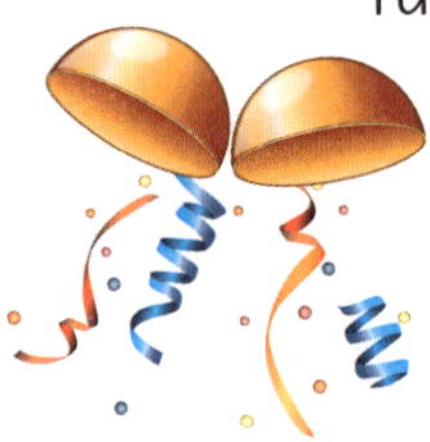

Quelle question ! Tu seras la fille la plus prudente de l'univers !

Tu as tellement hâte d'être à lundi pour apprendre la super nouvelle à Emma !

Entre recherches sur le Net (tu veux tout savoir des attractions du parc) et rêveries, le week-end file en un éclair.

Retrouve ton amie en 12 !

12

Youpi, c'est lundi !

Tu n'aurais jamais cru pouvoir mettre ces deux mots (« youpi » et « lundi ») dans la même phrase. Pourtant, c'est ce que tu ressens. *Ce matin, tu es super heureuse de retourner à l'école* pour annoncer la nouvelle à Emma. Aussitôt arrivée, tu fonces la retrouver dans votre base. Tu n'as même pas besoin de parler : rien qu'en voyant ta tête, ta meilleure amie a tout deviné.

— Ta mère a dit oui, c'est ça ? s'assure-t-elle.

Tu hoches la tête, et c'est reparti pour le concert de cris ! Samedi, vous allez passer une journée fabuleuse au parc « Bienvenue chez les Pirates ».

— Ça va être trop génial !!! tu hurles.

Tu es tellement heureuse et surexcitée que tu voudrais pouvoir avancer le temps. D'ailleurs, en parlant d'aiguilles qui tournent, la sonnerie retentit. Il est déjà l'heure d'aller en classe.

Flûte !

Avec Em', vous avez encore mille et un détails à régler – comme la question du déguisement par exemple. Hier, tu as trouvé plein d'idées sur le Net, et tu veux absolument en parler à ta copine.

Hélas, il va falloir attendre la prochaine récré… Ou pas.

Tandis que Mme Cantepie commence la journée par une leçon de conjugaison, tu ne peux pas t'empêcher de murmurer :

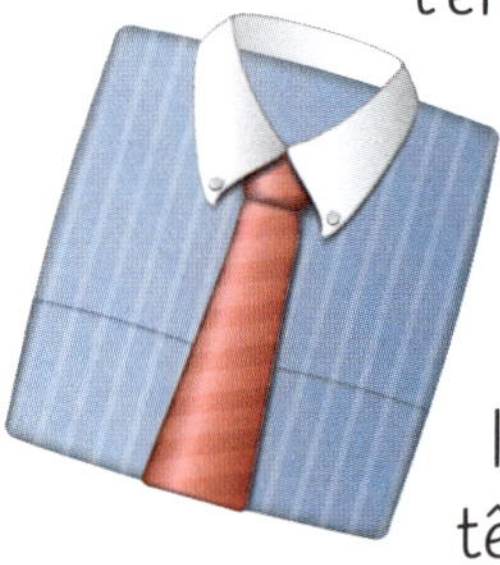

— Hé Em', tu sais, pour le déguisement, on pourrait demander des vieilles chemises à nos papas ? Et pour la coiffure, on n'a qu'à emprunter un foulard à nos mamans ? On le noue sur la tête, à la façon pirate, et le tour est joué. Tu en penses quoi ?

— *J'adore !* approuve ton amie.

Comme toujours, vous êtes sur la même longueur d'ondes, et ça te met en joie. Tu laisses échapper un grand « Super ! ». Mme Cantepie t'entend.

— Julie, un peu de silence, s'il te plaît.

— Oui, maîtresse, tu réponds, en prenant un air penaud.

Tu patientes quelques minutes avant de poursuivre tes explications. Sur le Net, tu as vu comment fabriquer un faux crochet avec un cintre en fer, un gobelet et de la peinture. Pendant que Mme Cantepie a le dos tourné, tu dessines un croquis que tu passes ensuite à Emma.

— Tu vois, il faut d'abord couper le bout du cintre, tu sais, le morceau qui est en forme de crochet, tu chuchotes.

Mais la maîtresse se retourne.

— Julie, dernier avertissement !

Oups. Là, tu préfères sagement fermer la bouche, et te pencher sur tes verbes au passé composé. Pas envie que Mme Cantepie te change de place ou quelque chose comme ça.

L'exercice terminé, elle distribue des feuilles à chaque élève. Tiens, tu te demandes bien de quoi il s'agit...

C'est alors que tu vois les mots « Évaluation de géométrie » inscrits tout en haut. Et là, ton cœur s'affole ! **Ce week-end, tu as tellement pensé à ta sortie au parc avec Emma, que tu as oublié de réviser ta leçon !**

Tu restes devant ta feuille, sans savoir quoi faire. La panique te paralyse. De temps en temps, ta copine te lance des regards inquiets. Elle se demande sûrement pourquoi tu n'écris rien.

Mais dans ta tête, c'est le grand vide. Tu as tout oublié.

Quand la maîtresse vient ramasser ton évaluation, elle te fait les gros yeux. Tu deviens écarlate. Ça sent la punition...

Et tu as raison. Tu récoltes des exercices de géométrie à faire à la maison, ainsi qu'un mot pour tes parents. Mme Cantepie a écrit que tu étais trop distraite en classe, et que tu ne faisais pas correctement tes devoirs.

Tu n'as vraiment pas hâte d'être à ce soir, et tu voudrais bien pouvoir arrêter le temps, cette fois ! Mais tu n'as pas le choix. La journée s'écoule. Tu rentres à la maison avec ton mot à faire signer.

Comment ta mère va-t-elle réagir ?

Pour le savoir, va en 13.

13

Tu décides de montrer le mot à ta maman avant le dîner – tu préfères te débarrasser de cette corvée ! Elle le lit, en silence. Mais dans ses yeux, tu vois bien qu'elle n'est pas contente du tout.

— Tu as oublié de réviser ta géométrie ? s'étonne-t-elle.

— Euh, oui, tu bredouilles, en baissant le nez. *Mais ce n'est pas ma faute...* J'avais trop de choses à penser, ce week-end. Ça m'est complètement sorti de la tête, je te jure !

Ta mère fronce les sourcils.

— Ces choses auxquelles tu pensais n'auraient-elles pas un rapport avec la sortie au parc des pirates, par hasard ? suppose-t-elle.

Là, tu comprends que tu aurais mieux fait de te taire !

— Euh...

— Je suis vraiment très déçue, Lili, déclare ta maman. Tu sais à quel point le travail scolaire est important. Et je te faisais confiance pour tes leçons.

— Je sais...

Et VLAM, elle t'annonce ta punition : samedi, au lieu d'aller au parc, tu resteras à la maison pour travailler !

CATASTROPHE !

Tu trouves cette sanction vraiment injuste, et un tas d'émotions te submerge d'un seul coup, comme un raz-de-marée. **C'est une vraie tempête en toi.** Ça gronde, ça tourbillonne, ça fait mal aussi.

Si tu te sens surtout très triste, va pleurer en 14. 😭

Si c'est la colère qui l'emporte, explose en 15. 😡

14

Tu n'arrives pas à croire que ta mère te prive de sortie. C'est tellement, mais tellement injuste ! Tout ça à cause d'un petit devoir de rien du tout ! De grosses larmes coulent sur tes joues.

— Je te jure que je n'oublierais plus jamais rien ! tu supplies.

— Si tu n'es pas assez responsable pour faire tes leçons toute seule, alors c'est que tu n'es pas capable de sortir au parc avec ta copine, tranche ta mère.

Elle semble très en colère, et ça te donne encore plus envie de pleurer. Ta gorge est si serrée, que tu ne parviens même plus à parler. Au même instant, Inès surgit dans la cuisine.

— Dis, pourquoi t'es triste, Lilidou ? s'inquiète-t-elle, en t'observant.

Tu ne peux pas lui répondre. **Désespérée**, tu cours te réfugier dans ta chambre, sans dîner. Ton chat Marcel est là, tranquillement étendu sur ton lit. Tu te jettes près de lui, et tu blottis ton visage contre son pelage tout doux.

— Oh, mon chouchou, si tu savais…

Ton petit compagnon ne bouge pas d'un poil. Il reste là, à côté de toi. Tu es certaine qu'il a compris.

Comme toujours...

Vers vingt heures, tu entends quelqu'un frapper doucement à la porte.

— Lilidou, c'est moi, chuchote Inès. Tu veux un gros câlin d'amour pour te consoler ?

Tu manques de craquer – il y a des jours où ta petite sœur est si adorable ! Mais tu n'ouvres pas. Tu n'as pas la force de discuter.

Tu ne penses qu'à ta sortie manquée, et à la terrible nouvelle que tu vas devoir annoncer demain à Emma. Elle va être tellement triste !

À cette pensée, tes larmes se remettent à couler...

Il est très tard maintenant et, comme tu n'as pas dîné, ton ventre commence à gargouiller. Tu te dis que ta mère et Olivier doivent être couchés à l'heure qu'il est, alors tu ouvres sans bruit la porte de ta chambre.

Là, tu découvres un joli dessin laissé par Inès. Tu crois que ça représente un bateau de pirates assez bizarre, mais tu n'en es pas très sûre à vrai dire.

En tout cas, c'est gentil.

Et puis, ça te fait du bien de recevoir un peu de soutien... Tu décides d'aller embrasser ta petite sœur pour la remercier. À pas de loup, tu te faufiles

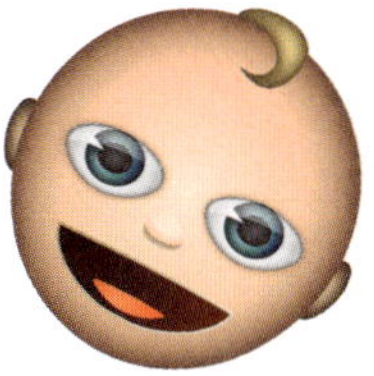

dans sa chambre. Elle dort comme un bébé – normal, c'en est un !

Tu te penches sur elle. Elle est trop mignonne !

— **Merci beaucoup,** tu murmures en lui caressant la joue.

Mais soudain, tu sens une présence derrière toi. Ta maman se tient dans l'entrebâillement de la porte.

Tu as l'impression que sa colère est un peu retombée.

Que décides-tu ?

Si tu choisis de remettre le sujet de la sortie sur le tapis, va en 16.

Si tu préfères retourner dans ta chambre sans un mot, éclipse-toi en 17.

15

À l'intérieur de toi, c'est comme si un volcan venait d'entrer en éruption. Tu es tellement, tellement en colère !

— C'est pas juste ! tu cries à pleins poumons. Je n'oublie jamais de faire mes devoirs, d'habitude !

— Arrête de hurler, t'ordonne ta mère. Ça ne sert à rien.

Tu la regardes, en te mordant la lèvre. Au même instant, Inès surgit dans la cuisine.

— Pourquoi tu cries comme ça, Lilidou ? te demande-t-elle. T'es fâchée ?

Tu es trop furieuse pour lui répondre. Les poings serrés, tu fonces te réfugier dans ta chambre, en claquant la porte.

— C'est pas juste, pas juste, pas juste ! tu fulmines, en donnant de grands coups de pied dans tous les coussins qui traînent.

Tu n'en reviens pas !

Ta maman vient-elle vraiment de te priver de sortie ? Pour de vrai ?!

Ton chat Marcel est là, roulé en boule sur ton lit. Mais en te voyant, il préfère déguerpir. Il a sûrement senti que tu n'étais pas d'humeur pour les câlins, aujourd'hui !

Vers vingt heures, tu entends quelqu'un frapper doucement à la porte.

— Lilidou chérie, chuchote Inès. T'es pas fâchée contre moi, dis ?

Tu manques de craquer – il y a des jours où ta petite sœur est si adorable ! Mais tu n'ouvres pas. Tu n'as envie de voir personne.

Tu ne penses qu'à ta sortie manquée, et à la terrible nouvelle que tu vas devoir annoncer demain à Emma. **Elle va être tellement triste !**

À cette pensée, ta colère redouble...

Il est très tard maintenant, et comme tu n'as pas dîné, ton ventre commence à gargouiller. Tu te dis que ta mère et Olivier doit être couchés à l'heure qu'il est, alors tu ouvres sans bruit la porte de ta chambre.

Là, tu découvres un cookie à demi-mangé, laissé par Inès – sans doute les restes de son propre dessert.

Trop mignon !

Une partie de toi est touchée, et elle a envie d'aller lui faire un gros bisou pour la remercier. Mais l'autre est complètement *folle de rage* !

Laquelle vas-tu écouter ?

👉 Si la tentation d'aller embrasser ta petite sœur est la plus forte 😍, va en 18.

👉 Si tu te sens vraiment trop en colère, contente-toi de ton bout de biscuit, en 19.

16

Ta mère te sourit, et tu te dis que c'est l'occasion ou jamais. Près de toi, Inès dort paisiblement. Tu peux entendre le souffle régulier de sa respiration.

Allez, hop, tu te lances ! Tu n'as plus rien à perdre de toute façon.

— M'man, pour la sortie au parc, je te promets de travailler à fond. Je ferai des exercices de géométrie, tous les jours. Et des multiplications aussi ! Je deviendrai encore plus forte qu'une calculatrice !

Ta voix tremble, mais tu as quand même réussi à dire ce que tu voulais. Bon, le coup de la calculatrice, c'était peut-être un peu exagéré, mais tu ferais n'importe quoi pour convaincre ta maman.

Vraiment n'importe quoi.

D'ailleurs, elle continue de te sourire. Tu ne peux pas t'empêcher d'espérer... Aurait-elle changé d'avis ?

— Ma décision est prise, ce n'est plus la peine d'en reparler, tranche-t-elle. Maintenant, il est tard, va te coucher, ma chérie.

Ce n'est pas du tout la réponse que tu espérais ! Mais bon, au moins, tu as essayé. Avec un énorme soupir, tu baisses la tête, et tu reprends lentement le chemin de ta chambre, à pas d'éléphant.

Au passage, ta maman t'embrasse.

Ce sera ta seule consolation. Tu comprends – trop tard – que tu aurais dû attendre un peu avant de reparler de la sortie au parc.

Dommage !

RECOMMENCE !

17

Ta maman te regarde en souriant et, pendant un moment, tu hésites. Tout est calme dans la chambre, on entend juste le souffle régulier d'Inès qui dort profondément. Comme tu aimerais être à sa place ! Elle, elle ne risque pas d'oublier de travailler sa géométrie, vu qu'elle est en maternelle. **Parfois, tu te dis que la vie d'une enfant de ton âge n'est vraiment pas facile !**

On doit penser à tout comme un adulte, mais on n'est pas encore assez grand pour aller au parc d'attractions sans ses parents.

Vous parlez d'une logique !

Quand on a ton âge, il faut bien noter ses devoirs à faire, et ne surtout rien oublier. Sinon ! *BAAM !* Toute ta vie s'écroule – ou au moins, ton projet de sortie avec ta meilleure amie.

Tu embrasses ta petite sœur, puis tu sors de la chambre, sans un mot.

— Bonne nuit, ma chérie, te murmure ta mère.

Tu ne réponds pas.

Tu n'as pas du tout envie d'être au lendemain pour annoncer l'affreuse nouvelle à Emma... 😖

👉 **Va voir ce qui se passe demain en 20.**

18

Tu te glisses en douce dans la chambre d'Inès, qui dort à poings fermés. Tu as beau la trouver souvent super agaçante – surtout quand elle monopolise toutes les attentions, comme si tu n'existais pas –, là, tu ne peux pas t'empêcher de lui faire un gros bisou.

Hum, elle sent bon le bébé ! Il s'agit d'une odeur indéfinissable, mais tellement agréable. Elle te donne envie de te blottir contre ta petite sœur, en fermant les yeux. C'est peut-être d'ailleurs ce que tu vas faire…

Juste à cet instant, ta mère surgit.

— Lili, mais qu'est-ce que tu fais encore debout à cette heure-ci ? te gronde-t-elle. Il est très tard, tu devrais dormir depuis longtemps. Je te rappelle qu'il faut être reposé pour bien travailler à l'école.

Comme si tu ne le savais pas ! Elle te l'a déjà répété mille fois, et tu en as plus qu'assez qu'elle te traite comme un bébé !

Tu retournes dans ta chambre, plus furieuse que jamais.

Tu n'as pas du tout hâte d'être au lendemain pour annoncer l'horrible nouvelle à Emma... 😖

👉 **Va voir comment se passe le lendemain en 21.**

Le volcan qui bouillonne en toi refuse de se calmer. Quand tu penses à ta punition, ça te donne envie de crier ! Mais tu es toute seule dans le couloir, et aucun bruit ne résonne.

Si tu hurles, ça risque de réveiller ta petite sœur, ou même de l'effrayer. Et tu n'as pas envie de faire ça.

En ramassant le morceau de cookie qu'elle t'a offert, tu aperçois deux yeux brillants dans l'obscurité. Ton chat Marcel te regarde, l'air tout malheureux.

Pauvre choupinou !

Tu l'appelles doucement.

— Allez, viens, mon Marcelou.

Il s'empresse de galoper vers toi, **fou de joie**, et tu le prends dans tes bras.

— Pardon pour tout à l'heure, tu t'excuses. Je ne voulais pas te faire peur, tu sais. C'est juste que je suis super en colère… Mais tu n'as rien à voir là-dedans.

Tu lui fais de gros câlins, histoire de te faire pardonner, et il se met à ronronner. Ça y est, vous êtes réconciliés ! Tout est toujours si simple entre vous.

Juste à cet instant, la lumière s'allume dans le couloir. *Ta mère est là, et elle te regarde en souriant.* Mais toi, tu n'as pas envie de sourire du tout !

Tu retournes dans ta chambre, sans un mot. Tu entends alors ta maman soupirer.

— Bonne nuit, ma chérie, murmure-t-elle d'un ton triste.

Soudain, tu regrettes ton attitude. Tu voudrais pouvoir aller te blottir contre ta mère, et lui demander pardon. Pardon pour les leçons oubliées, pardon pour tes cris aussi.

Oui mais voilà, elle est déjà repartie se coucher !

RECOMMENCE !

20

En te levant, tu te dis que ça va être la pire journée de TOUTE ta vie ! Tu as l'impression que ta tristesse pèse des tonnes, qu'elle t'empêche de marcher, de sourire, de manger. En plus, il y a cette espèce de gros nœud tout dur dans ton estomac...

Ce matin pourtant, Olivier a préparé des crêpes, dont l'odeur se répand aux quatre coins de l'appartement. **D'habitude, tu te serais jetée dessus sans demander ton reste !** Mais là, tu regardes la pile de crêpes bien dorées, l'appétit coupé.

Tu sens une main sur ton épaule.

— Mange, ma cocotte, t'encourage gentiment Olivier.

— Elles sont trop bonnes, Lilidou ! ajoute ta petite sœur, la bouche cernée de pâte à tartiner.

Pour leur faire plaisir, tu te forces à avaler une bouchée. Ta mère arrive dans la cuisine, et se sert une tasse de café.

— Coucou, mes princesses, vous lance-t-elle.

Tu marmonnes un vague « bonjour ». Pas la force d'en dire plus.

— Lili, c'est à cause de ta punition que tu fais cette tête-là ? te demande-t-elle. Allez, essaie de penser à autre chose. 🤗

Comme si c'était facile ! Ce n'est pas elle qui va devoir briser le rêve d'Emma ! Tu ravales tes larmes, et tu fonces te préparer pour aller à l'école... 😥

À ton arrivée, ta meilleure amie devine tout de suite que quelque chose ne va pas. Tu lui expliques ce qui s'est passé, en phrases hachées – ta gorge est toute serrée.

— Ma mère m'a punie... à cause du devoir de géométrie... Elle ne veut plus que j'aille au parc... avec toi.

Les larmes se déversent aussitôt sur les joues d'Emma. **Et tu te mets également à pleurer.** Impossible de t'en empêcher ! 😭 😭 😭

— Oh, non ! 💔 gémit ta copine.

— Écoute, tu ajoutes, en reniflant. Tu peux inviter une autre copine, si tu veux. Je comprendrais...

— Non, non, pas question, balbutie-t-elle. Si tu ne viens pas, je n'y vais pas non plus !

Tu te sens si touchée, que tu pleures de plus belle. *Pauvre Emma !* À cause de ta punition, elle sera privée de sortie, elle aussi. Dans la cour, vos amis vous voient, et ils viennent vous interroger.

— Qu'est-ce qui vous arrive ? vous demande Léa.

Décides-tu de leur parler de votre problème ?

Si tu penses que tes amis peuvent vous aider, tente le coup en 22.

Si tu as honte d'avoir été punie, réfugie-toi en 23.

21

Tu as affreusement mal dormi. Tu as fait des cauchemars toute la nuit, et tu n'as pas arrêté de gigoter. Tu le sais, car à ton réveil, Marcel n'était plus allongé près de toi, dans ton lit. Ce matin, **tu te sens toujours aussi en colère**. La cuisine sent bon les gaufres chaudes, mais ça ne te met pas de bonne humeur pour autant. Tu t'assois en faisant traîner ta chaise à grand bruit.

— Tu as faim, ma cocotte ? te demande Olivier, en te tendant une assiette.

Tu secoues la tête avec obstination, malgré la délicieuse odeur qui s'engouffre dans tes narines. Quelle tentation… Incapable de résister, tu finis par mordre à pleines dents dans la gaufre chaude et moelleuse spécialement préparée par Olivier.

— T'es encore fâchée, Lilidou ? s'inquiète Inès, le menton recouvert de sucre glace.

— Pas contre toi, tu t'empresses de la rassurer.

— Ah, ouf ! soupire-t-elle, soulagée. Contre maman alors ?

Ta maman arrive justement. Tandis qu'elle se sert une tasse de café, tu remarques qu'elle a l'air

soucieuse. Regretterait-elle la punition archi injuste qu'elle t'a donnée ? C'est tout ce que tu espères. Comme le répète souvent Mamie Alice, la nuit porte conseil – ça veut dire qu'après avoir bien dormi, on voit parfois les choses différemment.

— Hello, mes princesses ! lance-t-elle.

Comme tu ne dis rien et qu'Inès a la bouche pleine, elle se tourne vers Olivier.

— Une grosse journée m'attend au tribunal, aujourd'hui. J'espère que ça va bien se passer.

Tu aurais dû t'en douter ! **Son air inquiet n'a rien à voir avec toi.** Tu es le cadet de ses soucis, voilà la vérité !

Tu ne décroches pas un mot, pendant tout le petit déjeuner. Tu ne réponds même pas quand ta maman te souhaite une bonne journée. Toi, tu sais qu'elle sera forcément mauvaise...

À ton arrivée à l'école, Emma comprend tout de suite qu'il s'est passé quelque chose.

— Ma mère m'a punie, tout ça à cause du devoir de géométrie ! tu lâches, sans pouvoir cacher ta frustration. Elle ne veut plus que j'aille à « Bienvenue chez les Pirates » avec toi. Tu te rends compte ?

Ta meilleure amie fond en larmes, ce qui te met encore plus en colère.

— Écoute, tu ajoutes gentiment. Tu peux inviter une autre copine, si tu veux. Je comprendrais.

— Non, non, pas question, balbutie-t-elle. Si tu ne viens pas, je n'y vais pas non plus !

Tu te sens touchée, et furieuse aussi. Pauvre Emma ! À cause de ta punition, elle sera privée de sortie, elle aussi.

— C'est vraiment injuste ! tu rouspètes. Et même pire que ça !

Dans la cour, la maîtresse remarque que tu sembles très énervée, et elle s'approche de toi.

— Qu'est-ce qui ne va pas, Julie ?

Que fais-tu ?

Il faut que ça sorte ! Tu laisses parler ta colère, et tu dis à Mme Cantepie qu'elle a carrément gâché ta vie, va en 24.

Tu préfères ne rien répondre – après tout, la maîtresse n'arrête pas de te reprocher de trop parler, non ? – fonce en 25.

22

Tes amis te regardent gentiment, et tu décides de tout leur raconter. Tu es sûre qu'ils vous comprendront, Emma et toi.

— Alors voilà, samedi, en principe, je devais aller avec Em' au parc « Bienvenue chez les Pirates », tu leur expliques.

Paul pousse un cri strident.

— Hiiiii ! hurle-t-il. Trop de chance ! Moi, j'ai toujours rêvé d'y aller !

Il se baisse pour ramasser une branche et il se met à jouer avec comme si c'était une épée. **Tu soupires.** Toi aussi, tu aurais adoré te prendre pour une pirate, le temps d'une journée ! Mathilde fronce les sourcils.

— Mais vu votre tête d'enterrement, j'imagine qu'il y a eu un souci ? devine-t-elle.

Ta gorge se serre, tu as du mal à parler… Tu sens que tu vas recommencer à pleurer, mais tu te retiens.

— Ma mère m'a punie à cause du mot de Mme Cantepie, tu murmures, tête baissée. Je suis privée de sortie.

— Oh, non ! s'écrient en chœur tes copains-copines.

Leur soutien te fait du bien, et ta tristesse pèse soudain un tout petit peu moins lourd sur tes épaules. Aucun d'eux ne sait vraiment quoi dire – même Léa, qui a pourtant lu des dizaines de livres et qui connaît un tas de choses, sur un tas de sujets. Mais tu t'y attendais. **Ce n'est pas comme si tes amis pouvaient arranger ton problème d'un coup de baguette magique !**

Alan te raconte l'une de ses mémorables punitions – c'est le roi des blagues !

— Un jour, j'ai mis du poil à gratter dans le pantalon de mon papy, s'amuse-t-il. Il l'a enfilé, et ensuite, il est devenu tout rouge. Trop drôle ! Bon, par contre, après, j'ai été puni. Pas de télé pendant deux semaines. Mais c'est pas grave ! Ça en valait la peine. Si vous aviez vu la tête de mon grand-père ! *Ah ah ah, hi hi hi !* 😂 😂 😂 😂 😂

Son histoire te fait rire, même si toi aussi, tu aurais préféré être juste privée de télé. La sonnerie retentit, il est temps d'aller en classe. Alors que vous traversez la cour, Mathilde se tourne vers toi :

— C'est vraiment pas cool que tu sois punie, te dit-elle. Mais bon, c'est quand même un peu ta faute, non ?

Cette remarque a le don de t'énerver comme jamais ! Si tu avais su, tu n'aurais rien raconté, voilà !

— N'importe quoi ! tu rétorques, avec un regard noir.

Mais une fois en classe, tu te calmes un peu, et tu comprends que Mathilde n'a pas tout à fait tort. Tu te promets de lui offrir **un joli bracelet brésilien pour t'excuser** – tu adores en tresser.

Finalement, tu es contente d'avoir partagé tes soucis avec tes amis.

Et tout ça te fait réfléchir…

Va voir comment se passe la suite de ta journée, en 26 !

23

Tes amis te regardent gentiment, et tu ne sais pas quoi répondre à Léa. Tu as peur que tes copains-copines se moquent de toi. C'est vrai quoi, ta mère t'a punie comme si tu étais encore un bébé.

La honte !

De toute façon, tu te dis que *personne ne pourra t'aider*. Tes amis ont beau être super, ce ne sont quand même pas des magiciens !

— Rien, rien, tu réponds à Léa, en baissant le nez – tu es certaine que ton mensonge se lit sur ton visage !

— Pourtant, vous faites de drôles de têtes, observe Mathilde, sourcils froncés.

Alan intervient :

— Eh, vous savez quoi ? vous lance-t-il. Hier, avant le déjeuner, j'ai mis un coussin-péteur sur la chaise de mon papy ! Quand il s'est assis, ça a fait « prout », et il est devenu tout rouge. Trop drôle ! **Oh oh oh ! Ah ah ah !**

Il est si fier de sa farce, qu'il en rigole encore. Et tu te mets à rire avec lui – sa tête hilare est plutôt irrésistible. En secret, tu le remercies pour cette diversion. Grâce à lui, plus personne ne fait attention à Emma et à toi...

— Et tu as été puni ? tu demandes.

— Oui, mais c'est pas grave, commente-t-il. J'ai l'habitude !

Tu aimerais vraiment pouvoir réagir comme lui ! Paul se met à raconter l'unique punition qu'il a reçue de toute sa vie – c'est un garçon plutôt sage, d'habitude. Allez savoir pourquoi, ce jour-là, il avait découpé la veste de son père.

— Je venais de regarder un reportage sur la customisation, à la télé, se justifie-t-il. Et je voulais juste essayer de transformer un vêtement... Moi, je trouvais ça rigolo, les manches courtes et le trou dans le dos. Mais papa n'a pas aimé du tout.

Vos éclats de rire résonnent dans la cour. *Tu en oublierais presque ta tristesse.* Quand la sonnerie retentit, tu te sens un peu plus légère.

Malheureusement, ça ne dure pas longtemps. Une fois en classe, tu repenses à ton problème.

Il est toujours là. Et il n'y a aucune solution en vue.

RECOMMENCE !

24

Mme Cantepie te regarde, et toi, tu sens ta colère bouillonner, bouillonner. Alors, ça, c'est vraiment la meilleure ! Voilà que ta maîtresse fait la gentille, maintenant !

Mais c'est trop tard ! Le mal est fait. Les mots sortent tout seuls de ta bouche, tu ne réfléchis même pas.

— Maman a lu votre mot, et après, elle m'a punie ! tu t'écries. Samedi, je ne vais pas pouvoir aller au parc d'attractions avec Emma ! Tout ça, c'est à cause de vous !

Sur le moment, tu te sens mieux. Tu as dit – ou plutôt braillé – ce que tu avais sur le cœur. Mais aussitôt après, tu regrettes de t'être emportée. Le visage sévère, la maîtresse te fixe du regard.

— Julie, je voudrais d'abord que tu baisses d'un ton, commence-t-elle. Je comprends ta colère, mais n'oublie pas que si tu as été punie, *c'est ta faute aussi*. Tu es trop distraite en classe, et si tu continues comme ça, ça risque de te porter préjudice à l'avenir.

Tu ne comprends pas trop ce qu'elle veut dire – les adultes adorent employer des mots compliqués, juste pour montrer qu'ils sont plus grands que toi ! –, mais sa voix douce te calme d'un coup. Mme Cantepie ne te regarde pas méchamment. **Elle semble juste un peu triste.**

Ta rage retombe comme un soufflé. Tu en viens même à te demander pourquoi tu as crié. Toujours ce maudit volcan !

Au fond, tu l'aimes beaucoup, ta maîtresse...

— Pardon, tu bredouilles, rouge jusqu'aux oreilles.

Ça semble apaiser Mme Cantepie, qui vous sourit, à Emma et à toi.

— Je suis vraiment désolée pour votre sortie, les filles, vous assure-t-elle.

Entendre ça te soulage un peu. Et tu te dis que tu as bien fait de vider ton cœur, même si ça aurait été sans doute mieux de te confier sans percer les tympans de ta maîtresse.

Va voir comment se passe la suite de ta journée, en 27 !

25

Tu as bien entendu la question de ta maîtresse – tu es en colère, mais tes oreilles fonctionnent. Pourtant, tu ne réponds rien.

— Il y a un problème, Julie ? insiste-t-elle.

Tu es tellement furieuse contre elle ! Tu voudrais juste qu'elle s'en aille ! Comme elle ne part pas, tu lui tournes carrément le dos.

Et elle finit enfin par s'éloigner.

Ouf !

Au moins, elle ne pourra pas te reprocher d'être trop bavarde, aujourd'hui !

Une fois en classe, Mme Cantepie n'arrête pas de te regarder. Toi, tu fais comme si elle n'était pas là.

— Julie, pourrais-tu me dire combien font 6 fois 4, s'il te plaît ? te demande-t-elle.

Et puis quoi encore ? Si elle ne connaît pas le résultat, elle n'a qu'à le chercher toute seule ! Tu restes muette comme une carpe, et la maîtresse interroge Léa. Pendant la matinée, Mme Cantepie continue de te poser des questions, auxquelles tu ne réponds pas.

Tu te dis **qu'elle va forcément remarquer que tu es en colère et venir s'excuser** pour son mot injuste dans ton cahier de liaison. Mais non.

L'après-midi, les élèves ont droit à une leçon de géographie.

— Vous allez travailler par groupe de deux, vous annonce la maîtresse.

Chouette ! Tu te dis que tu vas pouvoir discuter avec Emma.

Hélas, c'est Mme Cantepie qui choisit les duos, et elle te met avec... Mathis ! Tu vas t'ennuyer à mourir.

Au secours ! 😱😱😱😱

Quelle affreuse journée ! Tu es toujours aussi en colère, et la maîtresse ne le sait même pas.

26

Avoir discuté avec tes amis t'a fait réfléchir. Finalement, face à un problème, c'est quand même chouette de ne pas être seule...

Malheureusement, tes copains-copines ne peuvent pas résoudre ton problème.

Une fois rentrée à la maison, tu as le cerveau en ébullition. Et s'il y avait un moyen de persuader ta maman de lever sa punition – ou au moins, de la transformer en quelque chose de moins... horrible ?

Mais seule, tu sais que tu n'as aucune chance...

— Lili, Inès ! vous crie Olivier de la cuisine. Le dîner est prêt !

Ce soir, ça sent le poulet rôti, avec des petites pommes de terre bien fondantes. L'un de tes plats préférés ! Mais tu continues à manquer d'appétit... Ta mère est déjà assise à table, le nez plongé dans un dossier, tandis qu'Olivier sort le plat du four.

— Est-ce que tu as faim, ma bichette ? te demande-t-il.

Tu devines qu'il a préparé ce plat, histoire de te faire plaisir, et ça te touche beaucoup. Alors, pour ne pas le décevoir, tu acquiesces et tu te forces à manger.

Quel délice !

Ta maman lève la tête pour vous regarder, Inès et toi.

— Vous avez passé une bonne journée, mes chéries ? vous demande-t-elle.

Ta petite sœur se met aussitôt à bavarder, mais pour une fois, ça ne te dérange pas. Au contraire. Ta journée n'a pas été assez géniale pour que tu aies envie de la raconter...

— Ah, je vois que tu manges, ce soir, remarque Olivier. Ça fait plaisir !

Il est vraiment gentil. Et soudain, tu as une idée. C'est tellement évident, pourquoi n'y as-tu pas pensé avant ? **Olivier pourra peut-être t'aider à convaincre ta mère ?**

Comme c'est lui qui vous conduit à l'école le matin, tu décides d'attendre le lendemain pour en parler.

Va voir si ton plan fonctionne en 28 !

27

Ta colère a beau être un peu retombée, *tu trouves ta punition toujours aussi injuste.* Le parc « Bienvenue chez les Pirates », c'était ton rêve ! Pourquoi ta mère ne t'a-t-elle pas juste privée de télé, comme tout le monde ? Quand ta copine Mathilde est punie par exemple, eh bien, ses parents se contentent de lui confisquer sa tablette, pendant une semaine.

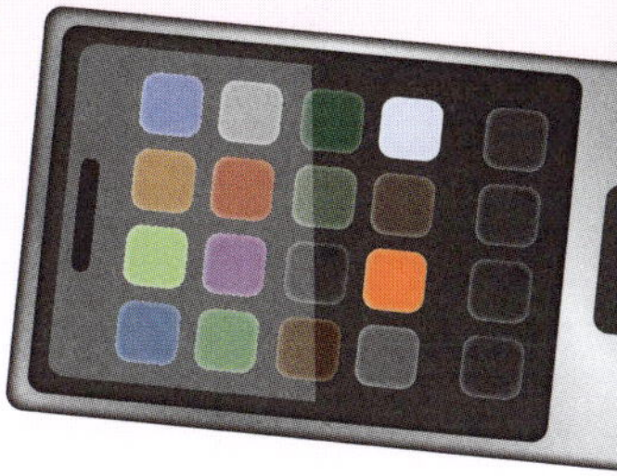

Voilà une punition acceptable – même si pour Mathilde, c'est hyper dur. Tu ne peux pas comprendre : toi, tu n'as pas le droit d'avoir une tablette. Il paraîtrait que tu es trop jeune. Tes parents accepteront peut-être de t'en acheter une quand tu auras genre, soixante-dix ans ?

Bref.

Ton ami Alan, lui, il n'arrête pas de faire des farces à son papy (poil à gratter, coussin-péteur, etc., etc., etc.). Et à chaque fois, ça ne rate pas, il est puni. Mais il s'en fiche. Il dit que ça en vaut largement la peine, parce qu'*il adore rigoler*.

Toi, tu es toujours sage – ou presque. En tout cas, tu n'embêtes personne.

As-tu déjà mis du poil à gratter dans le pantalon d'Olivier ? **JAMAIS !**

Et pourtant, on t'a donné la punition la plus sévère de l'univers ! 😭

Quand tu penses que samedi prochain, tu vas passer ta journée à travailler ta géométrie, au lieu de t'amuser...

— Ça va ? s'inquiète Emma, pendant la récré de l'après-midi.

— Oui, oui... tu lui réponds – tu n'as pas envie de la rendre encore plus triste qu'elle ne l'est déjà.

Sa tête désolée te serre le cœur. *La pauvre !*

Ce soir, après l'école, c'est mamie Alice 👵 qui vient exceptionnellement vous chercher, Inès et toi.

Ça tombe bien. Ta grand-mère était psychologue, avant – ça veut dire qu'elle passait ses journée à écouter les gens –, alors tu te dis que ce serait sans doute une bonne idée de lui parler.

Pour savoir ce qu'elle pense de tout ça, bondis en 29.

28

Aujourd'hui, tu as le cœur qui bat fort en montant dans la voiture d'Olivier. Tu n'as pas arrêté de réfléchir à ce que tu allais dire. Ce matin, tu t'es même entraînée devant le miroir de la salle de bains. Et tu t'es trouvée **plutôt convaincante !**

Olivier démarre, direction l'école. Près de toi, Inès est toute calme – elle est toujours silencieuse en début de journée. Après, c'est une autre histoire !

Enfin, bref. Tu te dis que toutes les chances sont de ton côté, et tu croises discrètement les doigts. Au bout de quelques instants, tu te décides à parler. **De toute façon, qu'est-ce que tu risques ?** Au pire, Olivier va te répondre qu'il ne peut pas t'aider – mais tu espères bien qu'il va accepter.

— Olivier, je voulais te demander quelque chose... tu commences.

— Oui, Lili ? te répond-il, en te regardant à travers le rétroviseur.

Tu prends une profonde inspiration. C'était BEAUCOUP plus facile ce matin, devant ton miroir !

— Est-ce que tu pourrais m'aider à persuader maman de lever ma punition ? tu le supplies. Je voudrais tellement aller au parc « Bienvenue chez les Pirates » avec Em'. C'était notre rêve, tu comprends ?

Et là, c'est plus fort que toi. Tes larmes se mettent à couler. Tu en as vraiment gros sur le cœur ! Inès s'approche pour t'embrasser.

— Faut pas pleurer Lilidou, d'accord ? te dit-elle, d'une petite voix désolée. Moi, j'aime pas quand t'es triste. Si tu veux, ce soir, je te prêterai mon doudou préféré, comme ça, tu pourras lui faire des gros câlins.

Tu lui souris à travers tes larmes, et tu prends un mouchoir dans ta poche pour t'essuyer. Olivier t'observe avec gentillesse. Tu devines qu'il a pitié de toi.

— Ma puce, j'aimerais vraiment t'aider, crois-moi, déclare-t-il. **Malheureusement, c'est la décision de ta maman, et je ne peux pas intervenir. Tu comprends ?**

Non, tu ne comprends pas du tout ! Et dans ta tête, dans ton cœur, c'est la foire aux émotions !

Tout se bouscule.

Que ressens-tu ?

Tu es furieuse 😡, et comme vous arrivez devant l'école, tu sors en trombe sans même dire au revoir. Tu te dis qu'Olivier va forcément voir que tu es en colère et qu'il va changer d'avis. Dans ce cas, fonce en 30.

Tu espères qu'Olivier va comprendre à quel point tu es désespérée et te proposer une solution. Alors, patiente un peu en 31.

29

Après cette journée difficile, tu es vraiment heureuse de pouvoir retrouver mamie Alice ! Elle t'attend devant l'école, et tu lui sautes dans les bras – tant pis si les autres te prennent pour un bébé ! Inès est déjà là.

— Eh bien, quel enthousiasme ! s'amuse ta grand-mère.

— Je suis contente de te voir, c'est tout, tu expliques.

Elle se met à t'examiner.

— Ça va, ma chérie ? te demande-t-elle.

Tu sais qu'à elle, ça ne sert à rien de mentir. *Ta mamie sait lire dans les pensées !* Si, si, c'est vrai. Parfois, tu ne dis pas un mot, et elle devine quand même ce que tu as dans la tête.

Incroyable !

— Pas trop, tu réponds.

— Bon, si tu veux, on pourra en discuter à la maison, tout à l'heure ? te propose-t-elle.

Chouette, c'est exactement ce que tu espérais ! Dans la voiture, tu laisses Inès raconter sa journée. Pendant ce temps, tu prépares déjà ce que tu vas dire : ton rêve d'aller au parc « Bienvenue chez les Pirates », la façon injuste dont ta maman t'a punie, tout ça, tout ça. Et pour finir, hop, tu demandes un petit coup de main à ta mamie.

Facile !

Après le goûter, Inès va regarder des dessins animés à la télé. La maison est calme et ta grand-mère semble prête à t'écouter. Tu sais que tu peux lui confier tous tes petits secrets, même ceux que tu ne racontes pas à ta maman (comme ta peur de la décevoir quand tu rapportes des mauvaises notes, par exemple).

— Bon, alors voilà… tu commences.

Tes mots s'embrouillent un peu. Mais ce n'est pas grave. **Ça te fait du bien d'être écoutée.** Juste d'être écoutée. Une fois tes explications terminées, tu attends la réponse, pleine d'espoir.

— Je vois, dit mamie Alice. Tout d'abord, sache que je te comprends, Lili. C'est une punition vraiment sévère…

Dans ta poitrine, ton cœur bondit de joie. Enfin quelqu'un qui te soutient !

— Je vais essayer de réfléchir à ton problème, poursuit-elle. Mais il va falloir que tu patientes un peu. D'accord ?

Non, tu n'es pas d'accord ! Et dans ta tête, dans ton cœur, c'est la foire aux émotions !

Tout se bouscule.

Que ressens-tu ?

Tu es déçue et tu insistes pour que ta mamie intervienne au plus vite – après tout, la sortie au parc est prévue pour samedi de cette semaine, pas pour le siècle prochain ! Si c'est ce que tu éprouves au fond de toi, va en 32.

Malgré ton impatience, tu préfères ne pas insister – en espérant quand même que ta mamie n'attende pas cent ans pour agir ! Dans ce cas, essaie d'attendre en 33.

30

Alors comme ça, Olivier refuse de t'aider ? Tu es vraiment furieuse ! À peine s'est-il arrêté devant l'école, que tu sors en claquant la porte. Olivier ouvre la vitre pour te parler.

— Bonne journée, Lili, te souhaite-t-il.

Tu ne réponds pas. Et tu te mets à marcher doucement, TOUT doucement, vers la porte d'entrée. Tu attends qu'Olivier t'appelle et te dise : « Attends, Lili ! Finalement, j'ai réfléchi, et c'est d'accord, je vais parler à ta maman pour qu'elle change d'avis. » Il pourrait aussi s'excuser et t'offrir le sac à dos dont tu rêves depuis des mois – tu en as assez de ton cartable à roulettes de bébé !

Franchement, après toute cette souffrance, tu mériterais bien ça, non ?

Tu ralentis encore un peu le pas. Il ne faudrait surtout pas que tu rentres trop vite. Et soudain, tu entends la portière de la voiture, derrière toi.

Ça y est, Olivier a compris que tu étais très en colère !

Tu te retournes, et là, tu comprends qu'il est juste descendu pour accompagner Inès jusqu'à sa classe de maternelle.

Comme si ça ne suffisait pas, tu entends la voix de Mme Cantepie, près de toi.

— Eh bien, Julie, tu ne sembles pas pressée d'aller à l'école, aujourd'hui ? fait-elle remarquer.

Tu soupires, désespérée.

Ton plan a raté.

RECOMMENCE !

31

Tu as l'impression qu'Olivier a envie d'ajouter quelque chose, et tu t'efforces de patienter, même si c'est SUPER difficile !

Dans ta tête, il reste un tout petit espoir : **Olivier a peut-être compris combien tu étais désespérée**, et il essaie de trouver une solution pour t'aider ?

Tu attends, tu attends... Vous arrivez devant l'école, tu vas bientôt devoir descendre de la voiture. Olivier se gare, puis il se tourne vers toi.

— Je suis vraiment désolé pour toi, ma bichette, t'assure-t-il.

Alors, c'est tout ? Tu es si déçue ! Tu sors du véhicule, la tête basse, en reniflant. C'est fini, ton dernier espoir vient de s'envoler !

Bye-bye les pirates, les tours de manèges, et les crises de fous rires avec Emma !

Samedi, les seules personnes avec qui tu vas discuter, seront des triangles et des carrés.

Tu le sais déjà : ce sera la journée la plus nulle de ta vie !

Alors que tu gagnes lentement l'entrée de l'école, tu entends une portière claquer, derrière toi. Tu te dis que

c'est sans doute Olivier qui accompagne Inès jusqu'à sa classe de maternelle.

Mais soudain, tu sens une présence.

— Lili, attends, te demande Olivier, qui tient ta petite sœur par la main.

Et il te serre dans ses bras. Bien sûr, Inès se joint à vous – elle ne raterait un gros câlin pour rien au monde !

Ça ne résout pas ton problème, mais **ce moment de douceur te fait du bien.** 😊 Il y a vraiment des jours où tu adores Olivier, peut-être pas autant que ton papa, mais quand même beaucoup.

Et si tu allais retrouver Emma en 34, maintenant ?

32

Tu tentes d'imiter Inès lorsqu'elle fait sa tête de « mignon petit chat qui fait pitié ». Tu n'es pas trop certaine du résultat, mais bon. Tu te dis que tu ne perds rien à essayer !

— Oh, s'il te plaît, mamie ! tu gémis. Est-ce que tu pourrais en parler à maman, aujourd'hui ? Je voudrais tellement aller au parc, samedi. En plus, Emma ne veut pas y aller sans moi. **Alors, c'est comme si elle était punie, elle aussi !**

Ta grand-mère te regarde, lèvres pincées. Elle sait à quel point tu adores ta meilleure amie. Et tu ne peux pas t'empêcher d'espérer. Quand mamie Alice fait cette tête-là, c'est qu'elle réfléchit...

— Bon, bon, je vais essayer d'en discuter, ce soir, accepte-t-elle. Mais je ne te promets rien, d'accord ?

Tu lui sautes dans les bras.

— Oh, merci ! tu t'exclames. Je t'adore, mamie !

— Moi aussi, mon petit cœur, te répond-elle, en te serrant très fort.

Après ce gros câlin, ta grand-mère redevient sérieuse.

— En revanche, il faut que je te prévienne, Lili, t'avertit-elle. Ta maman risque de ne pas apprécier mon intervention. Elle va peut-être même se mettre en colère. Tu es vraiment sûre de toi ?

Soudain, tu te mets à douter. Et si mamie Alice avait raison ? La dernière chose que tu souhaites, c'est recevoir une punition encore plus sévère (même si tu te demandes ce que ça pourrait être – genre, trente ans de prison ?).

— **Je crois que c'était une mauvaise idée...** tu finis par soupirer. Laisse tomber, mamie.

Quand ta maman arrive pour dîner avec vous, tu ne dis pas un mot. De toute façon, Inès parle pour deux ! À table, elle n'arrête pas de bavarder. Apparemment, elle a un tas de choses à raconter – comme si la vie d'un bébé en classe de maternelle était intéressante !

Pfft !

— Maman, j'ai fait un beau dessin, aujourd'hui, à l'école, lui explique-t-elle. Tu veux le voir ?

Elle se lève pour aller chercher son chef-d'œuvre – un bonhomme ressemblant à une grosse patate montée sur des cure-dents, avec une espèce de laitue sur la tête.

Horrible.

— C'est toi ! annonce-t-elle avec fierté, comme si ça crevait les yeux.

— Ouahou ! s'écrie ta mère. Il est magnifique, bravo ma chérie !

Tu manques de t'étouffer avec tes lasagnes. Pourquoi Inès a-t-elle toujours droit à des compliments, et pas toi ? Ça te dépasse ! Et ça t'énerve aussi.

Tu sens comme une brûlure dans ton estomac – et ça n'a rien à voir avec les lasagnes. Lorsque tu regardes Inès blottie contre ta maman, **la jalousie t'envahit**.

Tu passes une mauvaise soirée. Mais au moins, tu as évité le pire – fâcher encore plus ta mère.

Heureusement, tu vas pouvoir retrouver Emma, en 35. Ouf !

33

Tu as confiance en ta mamie, et tu préfères ne pas insister. Si elle te dit qu'il vaut mieux patienter, c'est qu'il y a une raison. Peut-être souhaite-t-elle simplement choisir le bon moment ? Quand ta mère sera bien détendue, tout ça, tout ça.

Heureusement, elle ne tarde pas à arriver pour dîner avec vous. Papy Jacques est là aussi – il vient juste de rentrer.

— Aujourd'hui, j'ai dû vérifier toute la comptabilité du club de foot, vous explique-t-il, en mettant la table. Quel casse-tête ! Et vous ? Ça va, mes poulettes ?

Inès s'empresse de raconter sa journée. *C'est toujours la même chose :* elle fait des dessins de bonshommes plutôt bizarres (que votre mère trouve magnifiques), elle joue à chat avec ses copines, et elle dort la moitié de l'après-midi.

Passionnant, vraiment.

Mais bon, tu la laisses parler, et vous vous asseyez. Ce soir, il y a des lasagnes au menu.

Miam !

— Et toi, ma Lili, comment s'est passée ta journée ? s'intéresse ton papy.

— Pas trop mal, tu réponds d'un air vague.

Tu ne vas sûrement pas avouer que tu as piqué une crise de nerfs devant ta maîtresse ! De toute façon, tu ne penses qu'à une chose : ta punition. C'est plus fort que toi, ta conversation avec mamie Alice tourne en boucle dans ta tête. **Patienter, patienter, mais jusqu'à quand ?**

Vous terminez le plat, et ta grand-mère apporte le dessert (des fraises à la crème Chantilly). Tu te dis que ça y est, elle va parler de ton problème. Mais non.

Et voilà qu'Inès se remet à discuter !

— À la cantine, ce midi, j'ai mangé tous mes petits pois, déclare-t-elle avec fierté.

Elle veut quoi pour ça ? Une médaille ?

Sans blague.

— Formidable, la félicite votre grand-mère.

Alors, là, c'est le pompon ! Mamie Alice semble avoir complètement oublié ton problème ! Tu la regardes avec insistance. Sans aucun effet.

Et tu finis par craquer.

— Maman, je voulais te dire, à propos de ma punition… tu commences.

Une seconde trop tard, tu comprends que tu aurais mieux fait de te taire. Ta mère te regarde, visiblement contrariée.

— Inutile d'en reparler, t'interrompt-elle. Je ne reviendrai pas sur ma décision, Lili.

À cet instant, c'est comme si le ciel te tombait sur la tête.

BAAM !

Et tu perds tout espoir d'aller au parc « Bienvenue chez les Pirates » avec Emma.

RECOMMENCE !

34

Tu es super heureuse de retrouver Emma. Et tu as imaginé mille et une façons de lui changer les idées. Par exemple, tu vas lui raconter la fois où Marcel a eu peur de son reflet, dans le miroir de l'armoire. Il avait la queue et le dos tout hérissé, et il poussait des « Pfft ! Pfft ! », comme s'il essayait d'impressionner l'autre matou en face de lui.

Trop drôle !

Tu as aussi tressé un joli bracelet brésilien avec les couleurs préférées d'Emma. Tu espères qu'il va lui plaire. **Tu aimerais tant pouvoir lui faire oublier votre sortie ratée...**

Lorsque tu l'aperçois dans votre base, tu devines qu'elle a beaucoup pleuré. Et soudain, ça te met en colère. C'est vraiment injuste ! Toi, tu veux bien être punie – enfin, un petit peu –, mais Em', elle n'a rien fait, elle !

Malgré ta rage, tu lui tends le bracelet que tu as fabriqué, en souriant.

— Tiens, c'est pour toi, tu expliques.

— Merci, Lili, il est trop beau, te répond-elle, en se forçant à sourire elle aussi.

Ce matin, tu croyais que ta mère allait te reparler de ta punition, **ou au moins, comprendre à quel point tu étais triste**. Mais elle est partie de si bonne heure au travail que tu ne l'as même pas vue.

Quand tu penses à ça, tu te sens encore plus énervée !

En classe, Emma a du mal à travailler. Pendant la dictée, elle se met même à pleurer ! Ça te serre tellement le cœur, que tu ne peux pas t'empêcher d'ouvrir la bouche.

— Je suis sûre qu'on ira au parc, un jour, tu verras, tu tentes de la réconforter. Et puis, les pirates ne vont pas s'envoler, tu sais !

Mais Mme Cantepie t'a entendue.

— Lili, un peu de silence, s'il te plaît ! te gronde-t-elle.

Trop, c'est trop ! Voilà qu'on t'empêche même de consoler ta meilleure amie ! **Tu en as plus qu'assez des interdictions**, et tu serres les mâchoires, furieuse.

Pendant tout le reste de la journée, tu penses à ta punition. Et ta colère ne fait que gonfler, gonfler… Elle devient si grosse qu'elle finit par prendre toute la place.

Demain après-midi, tu es supposée aller en ville avec mamie Alice.

Que comptes-tu faire ?

Prendre sur toi et l'accompagner malgré tout, pour ne pas décevoir ta grand-mère adorée, en 36.

Tout annuler – tu n'as vraiment pas le cœur à faire semblant. Au fond, tu n'as qu'une envie : avouer ce qui ne va pas à ta mamie. Peut-être qu'elle pourra t'aider, qui sait ? Dans ce cas, va lui parler en 37.

35

Le lendemain matin, tu es contente de retrouver Emma dans votre base. Ça te fait toujours du bien de voir ta copine ! *Mais aujourd'hui, tu t'inquiètes un peu :* Em' sera-t-elle toujours aussi triste ? Tu espères qu'elle se sentira un tout petit mieux... D'ailleurs, tu as préparé un discours pour essayer de la consoler. Comme quoi, les pirates ne vont pas s'envoler, et que vous pourrez aller au parc, une autre fois. Que tu comptes économiser toi-même le prix des billets d'entrée – même si d'après tes calculs, ça va te prendre environ 15 ans pour réunir la somme. L'avantage, c'est que vous serez grandes, et que plus personne ne pourra vous punir.

Et toc !

À ton arrivée, Em' a les yeux qui brillent. On dirait qu'elle a **une bonne nouvelle à t'annoncer.** Tu ne vois pas du tout ce que ça peut être.

— Ta mère a appelé la mienne ? tu imagines. Et elle a réussi à la convaincre de nous laisser aller au parc ?

Emma grimace.

— Non, il ne faut quand même pas exagérer, te répond-elle. Mais j'ai eu une idée !

Génial ! Tu as hâte d'écouter ce que c'est. Alors, tu ouvres grand les oreilles...

— Tu te rappelles notre après-midi pyjama secret ? te demande-t-elle.

Ah oui, pour t'en souvenir, tu t'en souviens ! Ta mère t'avait punie parce que tu avais rapporté un mot de la maîtresse (ça te rappelle quelque chose, hum, hum...). Mme Cantepie te reprochait tes bavardages – toujours la même chanson ! **Résultat : plus de soirée pyjama avec Emma !** Alors, avec ta copine, vous avez décidé d'organiser un après-midi ensemble – bien sûr, sans en parler à ta maman. Votre plan aurait fonctionné, si Inès – cette pipelette – ne vous avait pas dénoncées.

— Et si cette fois, c'était moi qui t'invitais à la maison, demain ? poursuit Em'. On pourrait dire qu'on va faire des exercices de géométrie par exemple, alors qu'en réalité, on va se déguiser **et jouer aux pirates ! T'en penses quoi, Lili ?**

Le mercredi, c'est Théo qui garde Emma. Comme il ne sort jamais de sa chambre et qu'il est toujours collé à son portable telle une moule à son rocher, ta copine et toi, vous pourrez faire tout ce que vous voulez !

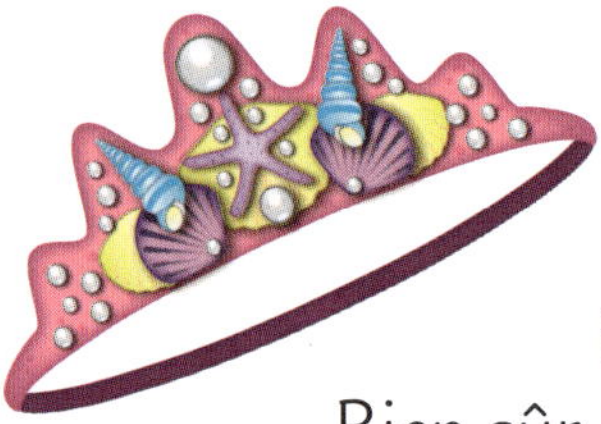

Tu imagines déjà le super après-midi que vous pourrez passer !

Et tu meurs d'envie de te déguiser.

Bien sûr, ce ne sera pas aussi bien que d'aller au parc, mais ce serait chouette quand même.

Que décides-tu ?

- Si tu ne peux pas résister à l'idée géniale d'Emma, et que tu ferais n'importe quoi pour ta meilleure amie, cours en 38.

- Si tu préfères réfléchir à une autre solution – moins risquée –, quitte à énormément décevoir ta copine, va t'aventurer en 39.

36

Tu ne veux pas peiner ta mamie – elle est tellement contente de t'emmener faire les magasins ! Et puis, tu grandis vite aussi. Si ça continue, tes orteils vont finir par sortir de tes baskets – il t'en faut vraiment une nouvelle paire, de toute urgence !

En voiture, tu ne parles pas beaucoup. Tu ne penses qu'à ta punition, à la tristesse d'Emma, tout ça, tout ça.

— **Tu vas bien, ma cocotte ?** s'inquiète ta grand-mère.

Elle était psychologue avant, et parfois, tu te demandes si elle ne peut pas lire dans tes pensées (tu espères bien que non !).

— Oui, oui... tu marmonnes.

Une fois en ville, tu donnes des coups de pied dans tous les cailloux qui ont le malheur de se trouver en travers de ton chemin. **Ça ne sert à rien, mais ça défoule.**

— Pourquoi martyrises-tu ces pauvres petits cailloux qui ne t'ont rien fait ? te taquine mamie Alice.

Malgré la colère qui gronde en toi, tu ne peux pas t'empêcher de sourire. Au lieu d'aller au magasin

de chaussures, ta grand-mère te conduit vers un parc. Là, vous vous asseyez sur un banc.

— Maintenant, ma Lili, raconte-moi ce qui ne va pas, te demande-t-elle.

Sa voix si douce te calme un peu. Tu sais que tu peux tout dire à ta mamie, qu'elle ne se moquera pas, ne te jugera pas.

— Maman m'a punie... tu commences.

Et tu lui expliques tout. **Ta tristesse, qui te serrait la gorge, et maintenant, la rage.** Tu as du mal à trouver les mots – difficile de dire ce qu'on ressent ! Mais mamie Alice t'écoute attentivement. Tu as soudain l'impression d'être la personne la plus importante au monde, et ça te fait du bien.

— Tu es furieuse parce que tu trouves ta punition injuste, c'est ça ? t'interroge-t-elle. Et qu'elle prive aussi ta meilleure amie ?

Tu hoches la tête.

— Je te comprends, ma puce, t'assure ta mamie, en te serrant dans ses bras.

C'est alors qu'une idée te traverse l'esprit.

Et si tu lui demandais d'intervenir ? Elle pourrait peut-être convaincre ta maman de changer d'avis ? Mais une partie de toi a très peur d'être déçue si jamais elle refuse – comme avec Olivier.

Que décides-tu ?

Tu lui demandes quand même d'intervenir : cours en 40.

La peur d'être déçue est la plus forte, alors tu vas te réfugier en 41.

Le mercredi, c'est Fred, un étudiant, qui vient veiller sur Inès et toi. La plupart du temps, il regarde la télé, il mange et il révise ses examens – tout ça, à la fois.

Aujourd'hui, tu prétends être fatiguée…

— OK, te répond-il. Dis-moi s'il faut faire quelque chose. Appeler un médecin ou un truc comme ça.

Et hop, il replonge aussitôt le nez dans son livre de cours… De ton côté, tu ne quittes pas ta chambre de toute la matinée.

Quand la sonnerie de la porte d'entrée retentit, ton cœur bondit. C'est mamie Alice ! **Enfin, tu vas pouvoir lui confier ce que tu as sur le cœur,** ce n'est pas trop tôt ! Après avoir salué Fred et embrassé Inès, ta grand-mère vient te voir. Tu es allongée sur ton lit, près de Marcel qui ronronne à tout va.

— Ça va, mon petit cœur ? s'inquiète-t-elle, en posant une main sur ton front.

— Pas trop… tu marmonnes. Je ne me sens pas bien, mamie.

Ce n'est pas tout à fait un mensonge. La colère te coupe l'appétit, et il y a ce gros nœud douloureux dans ton estomac…

— En tout cas, tu ne sembles pas avoir de fièvre, constate ta grand-mère. C'est déjà ça.

Elle t'observe avec attention, et tu te dis qu'elle doit forcément deviner que quelque chose ne va pas. *C'est le moment que tu attendais.* Alors que tu essaies de trouver les mots pour expliquer ce que tu ressens (pas facile !), ta petite sœur débarque en trombe. Depuis quand entre-t-elle dans ton royaume sans y être invitée, d'abord ? 😩

— Mamie ! Mamie ! braille-t-elle. Tu sais quoi ? Papa a promis de m'acheter un nouveau cartable, à la rentrée ! **Je suis trop contente !!!**

— C'est bien, mon petit chat, lui répond votre grand-mère.

Tu penses qu'Inès va enfin vous laisser, mais non. Elle vient carrément se planter entre mamie Alice et toi. Tu n'en reviens pas !

— J'en veux un avec une fée dessus, insiste-t-elle. Ou alors, un panda. Je ne sais pas encore. Lequel tu préfères, mamie ?

Et bla-bla-bla.

Son bavardage t'agace tellement ! Quand ta grand-mère finit par se souvenir de ton existence,

tu n'as plus envie de dire quoi que ce soit. Tu fais même semblant de dormir, histoire d'avoir la paix.

— Bon, eh bien, repose-toi, Lili, te conseille mamie Alice, en t'embrassant.

Et la voilà partie, avec Inès !

Tu as oublié une règle importante : lorsque tu veux faire des confidences, évite que ta petite sœur soit dans les parages.

RECOMMENCE !

38

Le soir, au dîner, tu décides de te lancer.

Tu n'es pas très fière de toi – tu détestes mentir ! Mais tu penses à ta meilleure amie. Elle est si heureuse que vous passiez votre mercredi après-midi ensemble !

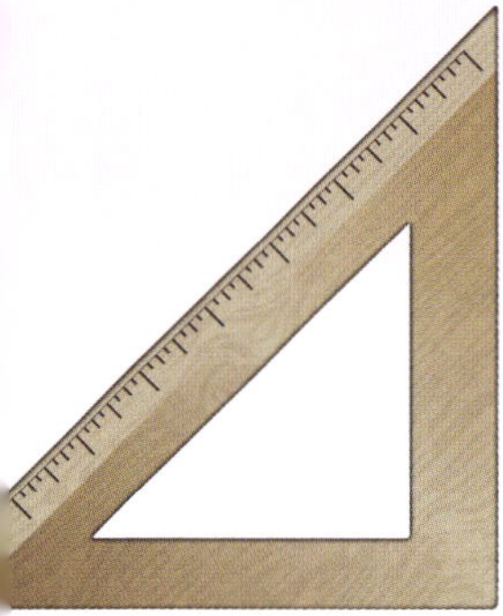

— Au fait, m'man, Em' m'a proposé d'aller travailler la géométrie chez elle, demain... tu prétends, en tâchant de ne pas rougir comme une tomate.

Tu te prépares mentalement pour la bataille. Tu sais que tu vas devoir supplier, argumenter, tout ça, tout ça. Pire que si tu étais jugée au tribunal !

Mais ta mère te sourit. 😀

— Entendu, ma chérie, accepte-t-elle, visiblement ravie.

Alors là, tu ne t'attendais pas à ça ! Soudain, tu te sens honteuse, et ça empire lorsque ta maman ajoute...

— Je suis fière de toi, Lili.

Gloups ! Tu trouves soudain ton soufflé au fromage absolument captivant. En même temps, tu te dis que ce n'est pas ta faute si tu dois mentir. Ta punition est vraiment injuste ! Cette pensée t'aide à te sentir – un peu – moins coupable.

Et tu imagines déjà la joie d'Emma.

Le lendemain matin, tu attends qu'Olivier et ta mère soient partis au travail pour te faufiler dans la salle de bains. Là, tu empruntes du maquillage – bâtons de rouge à lèvres pour dessiner de belles balafres, et crayon noir. Seconde étape : la chambre. Dans l'armoire, tu déniches une vieille chemise qu'Olivier ne porte plus, et un foulard que tu comptes nouer sur ta tête à la façon « pirates ».

Parfait !

Avec Em', vous allez bien vous amuser !

Mais alors que tu ranges tout ça dans ton cartable (tu es censée l'emporter pour « travailler », n'oublie pas !), **tu te mets à hésiter**.

Une partie de toi se sent toujours coupable de mentir. L'autre continue d'être en colère à propos de ta punition.

Quelle petite voix en toi vas-tu écouter ?

Celle qui t'encourage à tout avouer à ta mère, au risque de la décevoir et d'être à nouveau punie, en 42.

Ou celle qui t'ordonne de poursuivre ton plan comme prévu, pour ne surtout pas décevoir ta meilleure amie (elle compte sur toi !), en 43.

39

Tu préfères chercher une autre idée, pour une raison simple comme tout : si votre plan « après-midi pyjama » n'a pas fonctionné, il y a de fortes chances pour que votre « après-midi pirates » rate lui aussi.

Logique !

Mais encore faut-il l'expliquer à Emma...

— Elle est top, ton idée, tu affirmes, mais ça me paraît un peu trop risqué.

En voyant à quel point ta copine est déçue, tu t'empresses d'ajouter :

— T'inquiète, je vais trouver un autre moyen de nous amuser !

Ouf, elle te sourit à nouveau. Tu es soulagée !

En classe, Mme Cantepie vous propose de travailler en groupe sur un projet passionnant : vous allez vous transformer en journalistes pour la web-radio de l'école !

Cerise sur le gâteau : elle vous laisse choisir vous-mêmes vos coéquipiers et les sujets que vous souhaitez traiter.

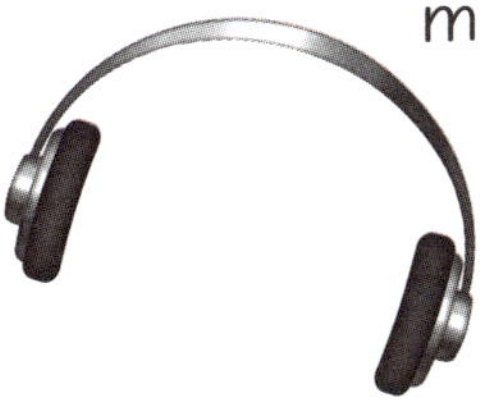

Trop gé-nial !

Tout naturellement, Emma et toi, vous vous mettez avec Mathilde et Léa. Tes amies savent à quel point tu aimes écrire, et ensemble, vous n'avez aucun mal à trouver le thème de votre rubrique : la protection des animaux. C'est un sujet qui te touche beaucoup, alors tu es super motivée !

Au bout d'un moment, la maîtresse vient vérifier l'avancée de votre travail. *Et elle semble très satisfaite.*

— C'est bien construit et captivant, bravo ! vous félicite-t-elle. Continuez comme ça, les filles.

Ah, ça change des « Julie, tu es trop bavarde ! », ou « Julie, tu as encore tout faux à tes opérations, concentre-toi un peu, voyons ! » Là, tu as droit à une vraie pluie de compliments, et ça te donne l'impression d'être une championne.

Bien décidée à montrer de quoi tu es capable, tu te donnes à fond. **Tu es si concentrée que tu ne penses à rien d'autre...**

Et à la fin de la journée, tu n'as toujours pas trouvé de solution à propos de ta punition.

Emma est terriblement déçue...

Tu ne peux pas résister. Toujours blottie contre ta grand-mère, tu te sens bien, comme à l'abri. 🥰 Tu pourrais rester ainsi tout l'après-midi. À l'école, certains prétendent qu'ils sont trop grands pour les câlins. Mais toi, tu en feras toujours, même quand tu auras quatre-vingt-dix ans.

Ça dérange quelqu'un, peut-être ?

À contrecœur, tu t'écartes légèrement.

— Dis, mamie, est-ce que tu pourrais parler à maman pour moi, s'il te plaît ? tu lui demandes. Je veux bien être punie, mais aller au parc des pirates, c'est mon rêve ! À la place, elle pourrait me priver de télé pendant une semaine ? 💻 Ou même deux ! J'accepterais aussi de jouer aux jeux de bébé avec Inès. Et je réciterais mes tables de multiplication, sans ronchonner, *promis, juré*. Je ferais tout ce que maman voudra.

Mamie Alice te sourit, en te caressant les cheveux.

— Ma petite cocotte, je suis vraiment désolée, mais c'est à ta mère de décider, t'explique-t-elle.

Quelle déception !

RECOMMENCE !

41

Avec Olivier, ça n'a pas fonctionné. Alors, tu te dis qu'il y a peu de chances pour que ça marche avec mamie Alice, et tu préfères ne rien demander.

Tu veux juste profiter de ce moment parfait. Tu es blottie contre ta mamie, qui te caresse doucement les cheveux. 🥰

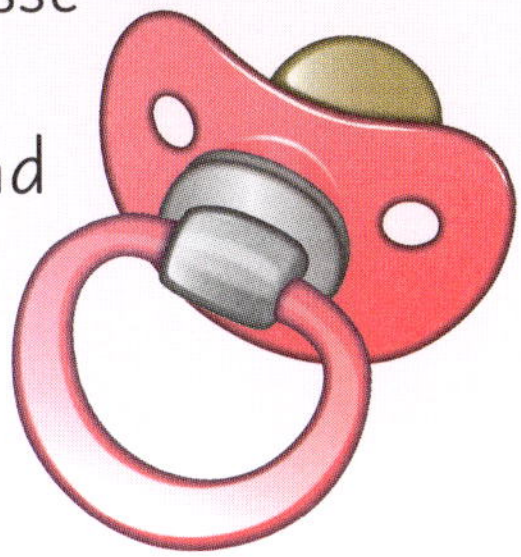

Tu te sens si bien, que ta colère fond comme neige au soleil.

Un garçon de ton âge passe devant vous, et il te regarde en grimaçant. Il doit sûrement penser que tu es un bébé, parce que tu fais un gros câlin à ta grand-mère.

Tant pis ! 🙄

Mamie Alice te murmure que tu es **très courageuse**, 💪 qu'elle a **confiance en toi,** et un tas d'autres choses aussi. **Des choses qui te réchauffent le cœur et te réconfortent.** Ta grand-mère ne voit pas que tes défauts – comme le fait que tu sois un tout petit peu bavarde en classe –, elle voit surtout tes qualités. Elle t'assure que personne n'est parfait, même pas elle, et que tu es une fille géniale (tu trouves ça un peu exagéré, mais bon).

— Je t'aime, mamie, tu lui dis, heureuse.

— Et moi, encore plus, te répond-elle.

Finalement, elle t'emmène au magasin de chaussures – et tu choisis une jolie paire de baskets avec des lacets fluo.  Puis, elle te ramène à la maison.

La journée du lendemain t'attend au 44 !

42

Tu as l'impression que ta culpabilité pèse des tonnes, qu'elle t'empêche même de marcher ou de fermer ton cartable. Tu regardes la chemise, le foulard, le maquillage, et tu te dis que tu ne pourras jamais profiter de ton après-midi avec Emma. Tu ne vas pas arrêter de penser à ton mensonge. *Ce sera comme un gros nuage sombre planant au-dessus de ta tête*, un gros nuage qui va tout gâcher.

À midi, ta maman revient à la maison pour déjeuner avec vous. Elle a à peine le temps d'ôter sa veste que tu t'approches d'elle. Tu as hâte de te débarrasser de ce poids trop lourd à porter.

— M'man, je dois t'avouer un truc… tu commences.

Tu lui parles de ton plan (tu préfères dire que l'idée vient de toi – pas envie qu'Em' se fasse gronder !). Tu bredouilles que tu n'aurais pas dû mentir, que ce n'est pas bien.

Tu t'attends à la punition du siècle. Cent ans de prison ? Un exil sur la Lune ?

— Je ne suis pas contente, tu t'en doutes, finit-elle par déclarer. Mais c'est bien que tu m'aies tout avoué.

Même si elle est fâchée, tu te sens soulagée, et beaucoup plus légère. Plus de poids sur tes épaules, ni de nuage sombre.

Mais ton soulagement laisse vite la place à l'inquiétude. 🤔

Emma va sûrement t'en vouloir…

Rejoins-la à l'école en 45.

43

Emma t'attend sûrement avec impatience, et tu ne peux pas la décevoir.

Impossible !

Tu fermes ton cartable – qui contient ton butin top-secret –, et tu vas dire à Fred que tu es prête (Fred, c'est l'étudiant qui s'occupe d'Inès et de toi, le mercredi). Il t'emmène à pied chez Emma – ta meilleure amie habite tout près, si ce n'est pas de la chance, ça ? Bien sûr, à votre arrivée devant la porte, **ta petite sœur se met à pleurnicher.**

— Pourquoi je peux pas venir avec toi ? gémit-elle.

— Parce que ce n'est pas pour les bébés, tu rétorques, agacée.

Ta réponse ne semble pas la convaincre. Fred se penche sur elle.

— Lili et Emma vont travailler, lui explique-t-il gentiment. Alors, tu ne t'amuserais pas du tout, tu sais.

Travailler. Mouais, mouais.

Tu tâches de ne pas rougir. *Difficile !* Tu as quand même un peu honte de toi…

Mais une fois à l'intérieur, tu retrouves Emma et tu oublies aussitôt ta culpabilité. Ta copine t'attend dans sa chambre, où elle a déjà tout préparé. Elle a même sélectionné un film de pirates sur l'ordinateur de sa mère.

À l'abordage, moussaillons ! Avec Em', vous allez passer un après-midi du tonnerre ! Tu t'empresses d'ouvrir ton cartable pour lui montrer tes trésors.

— On se maquille, d'abord ? tu lances. Sur Internet, j'ai vu comment dessiner une cicatrice qui ressemble à une vraie.

— Trop bien !  se réjouit ta copine.

Soudain, quelqu'un frappe à la porte, et tu refermes vite ton cartable. C'est Théo. Tu te demandes bien pourquoi il est sorti de sa grotte – euh, de sa chambre.

— M'man veut que je vous aide à travailler votre géométrie , annonce-t-il, avant de se tourner vers toi. Je crois que c'est ta mère qui l'a appelée pour lui demander ça... Ça me saoule grave, mais bon, pas le choix !

Tu es si stupéfaite que tu en restes sans voix. Mais juste après, ça fait tilt dans ta tête. Tu aurais dû t'en douter : ta mère a été beaucoup trop facile à convaincre !

Théo vous surveille pendant tout l'après-midi.

Ce n'est pas encore aujourd'hui que tu pourras te transformer en capitaine Lili Crochet.

RECOMMENCE !

44

Le lendemain, quand tu retrouves Emma, tu ne veux plus discuter de la sortie manquée. **Ta colère s'est envolée, il ne reste plus que la tristesse...** Mais tu essaies de penser à autre chose. Tu te dis aussi qu'il est inutile de continuer à en parler, que ça n'arrangera rien. Au contraire ! Ça fera encore plus de peine à Emma.

À ton arrivée, tu es fière de lui montrer tes nouvelles baskets.

— Elles sont super belles ! s'écrie ta copine. J'aimerais trop avoir les mêmes.

À elle – et à elle seule –, tu indiques le nom du magasin où tu les as achetées. Vous discutez de tout et de rien, mais surtout pas du parc « Bienvenue chez les Pirates »...

En classe, c'est leçon de géométrie, et tu te donnes à fond. Il faut dire qu'hier après-midi, à votre retour, *mamie Alice t'a aidée à travailler*. Elle explique toujours si bien les choses que tu comprends tout ! Avec elle, le triangle isocèle devient une part de pizza.

Trop drôle !

Aujourd'hui, l'exercice consiste à reconnaître les triangles dessinés sur une feuille. Ce n'est pas toujours facile de les différencier, mais tu es super motivée. Tu repères même un piège diabolique imaginé par la maîtresse : un triangle qui est à la fois isocèle et rectangle !

Alors que tu écris ta réponse avec soin, Mme Cantepie vient vérifier ton travail.

— Bravo, Julie, **je suis impressionnée !** te félicite-t-elle.

Et elle prend un stylo rouge pour écrire un grand « Très bien ».

Tu es fière de toi !

Le soir venu, tu as envie de montrer ces bons résultats à ta mère. Tu espères lui faire plaisir… et te faire un peu pardonner. Au fond, si tu te sens toujours triste, ce n'est pas seulement à cause de la punition. *C'est aussi parce que tu as très peur d'avoir déçu ta maman.*

Au dîner, tu as tellement honte de toi que tu n'oses pas la regarder. Tu voudrais t'excuser pour les bavardages et les devoirs oubliés, mais dans ta tête, tu as du mal à trouver les mots. En plus, ta mère semble fatiguée, et Inès n'arrête pas de pleurnicher.

— Je veux pas de soupe, gémit-elle. Je veux un *yayourt* !

— Les yaourts sont pour le dessert, ma chérie, lui rappelle Olivier.

— Mais moi, je veux un *yayourt* tout de suite !!! crie-t-elle à tue-tête. Un *YA-YOURT* !

Tu as déjà entendu des sirènes de voiture moins bruyantes que ça. 

Au secours !

Que vas-tu faire ?

- Attendre le bon moment pour parler à ta maman, en espérant qu'Inès se calme (un jour), en 46.

- Tu décides de te lancer, tout de suite, parce que si tu attends, tu n'auras peut-être plus le courage de le faire. Dans ce cas, fonce en 47.

45

Finalement, tu décides d'appeler Emma pour la prévenir. Quand tu lui expliques que tu as tout raconté à ta mère, elle ne comprend pas.

— Mais pourquoi tu as fait ça ? s'étonne-t-elle.

Tu ne sais pas quoi répondre. Le poids de la culpabilité, le nuage sombre, ce n'est pas si facile à expliquer...

Le lendemain matin, tu retournes à l'école, *un peu inquiète*. Tu te demandes si Em' sera fâchée... Mais à ton arrivée, tu es vite soulagée. Ta meilleure amie te sourit.

Ouf !

— Coucou, Lili ! te lance-t-elle. Tu sais, j'y ai beaucoup réfléchi, hier, et tu as bien fait de tout dire à ta mère. **On risquait de se faire attraper !**

Et là, tu n'oses même pas imaginer la punition que tu aurais récoltée ! Ça t'en donne des sueurs froides.

Enfin, tu es bien contente qu'Emma ne t'en veuille pas. Tu ne supporterais jamais d'être fâchée avec ta meilleure amie.

JAMAIS.

En classe, c'est leçon de géométrie, et tu te donnes à fond. Il faut dire qu'hier après-midi, tu as énormément travaillé. 😬

Aujourd'hui, l'exercice consiste à reconnaître les triangles dessinés sur une feuille. Ce n'est pas toujours facile de les différencier, mais tu es super motivée. Tu repères même un piège diabolique imaginé par la maîtresse : un triangle qui n'est ni isocèle, ni rectangle, ni rien du tout. C'est ce qu'on appelle un triangle quelconque, eh oui !

Alors que tu écris ta réponse avec soin, Mme Cantepie vient vérifier ton travail.

— Bravo, Julie, je suis impressionnée ! te félicite-t-elle.

Et elle prend un stylo rouge pour écrire un grand *« Très bien »*.

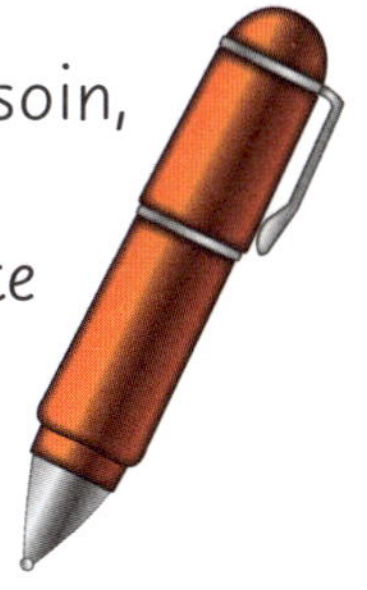

Tu es fière de toi ! 🤪

Ce soir, tu as envie de montrer ces bons résultats à ta mère. Tu espères te faire un peu pardonner. Ta colère s'est complètement envolée, et tu te sens surtout triste. **Hier, ta maman n'avait pas vraiment l'air fâchée, mais tu as très peur de l'avoir déçue.** C'est une grosse peur qui te serre la gorge et qui te donne l'envie de pleurer...

Alors, pendant le reste de la journée, tu réfléchis à une façon de lui demander pardon.

Que vas-tu faire ?

Lui parler à cœur ouvert pendant le dîner, en espérant que sa majesté Inès te laissera l'occasion d'ouvrir la bouche, en 48.

Tenter de chercher une autre solution, en 49.

46

Tu décides d'attendre la fin du dîner, quand Inès aura enfin eu son « ya-yourt » et qu'elle arrêtera de hurler. Ça prend du temps, mais tu patientes sagement – en essayant d'oublier ses cris. Tu la connais bien, ta petite sœur, et ce soir, tu crois deviner qu'elle est surtout très fatiguée. Il ne faut pas s'y tromper, ce n'est pas toujours facile, la vie de bébé !

Au moment du dessert, tu vas lui chercher son yaourt préféré – à la fraise.

— Tiens, Inès, tu lui dis, en lui ébouriffant les cheveux.

Elle se serre contre toi, juste comme ça.

— Merci, ma Lilidou, murmure-t-elle, en te faisant un bisou. 🥰 Tu es gentille.

Ce que ta petite sœur peut être choute ! Même si elle t'agace souvent, *tu l'adores de tout ton cœur*. Et gare à celui ou celle qui oserait l'embêter à la récré !

Il aura affaire à toi !

Tu attends qu'elle ait terminé de manger, et qu'Olivier la mette au lit. Puis, tu te tournes vers ta maman. Ça y est, le moment est enfin arrivé.

Mais voilà qu'elle se lève subitement !

— Je dois te laisser, un gros dossier très important m'attend, t'annonce-t-elle. Bonne nuit, ma chérie.

Un petit bisou, et elle s'en va.

Tu ne peux plus la déranger maintenant.

RECOMMENCE !

47

Tu te lances, le cœur battant. Tu bafouilles, tu pleures, tout ça en même temps. Tu n'es même pas très sûre que tes phrases aient un sens – c'est plutôt un genre de charabia. Mais à la fin, tu n'oublies pas l'essentiel :

— Je te demande pardon.

Silence dans la cuisine – même Inès a arrêté de crier. Au bout de quelques instants, ta mère se lève pour te prendre dans ses bras. C'est tellement bon d'être serrée comme ça... *Tu as l'impression qu'il n'y a que toi et ta maman au monde.*

— On oublie tout ça, d'accord ? te murmure-t-elle. Je t'adore, ma petite puce.

Tu planes sur un nuage...

Tu sais que le week-end prochain sera dur, très dur. Tu ne vas pas arrêter de penser à la super sortie qui n'aura pas lieu, mais au moins, **tu t'es réconciliée avec ta maman adorée**.

Et le samedi arrive vite, en 50.

48

Tu attends que vous soyez tous assis à table pour te lancer. Inès paraît exceptionnellement calme, ce soir.

C'est un signe du destin, tu en es sûre !

— M'man, il faut que je te dise… tu commences. Enfin, je voudrais… Tu sais, je suis vraiment…

Tes mots s'emmêlent, tu bafouilles, tu rougis. Qu'il est compliqué de demander pardon !

Et voilà que le téléphone sonne, pile à cet instant. Ta mère se lève pour aller décrocher.

— Oui, maman, répond-elle. Non, non, tu ne me déranges pas…

Ça doit être mamie Alice, et toutes les deux se mettent à discuter. Tu crois comprendre que ça concerne un problème que ta grand-mère rencontre dans son association.

En tout cas, ça a l'air super compliqué !

Lorsque ta maman revient à table au bout d'un long moment, tu n'as plus du tout le courage de lui parler.

RECOMMENCE !

49

En fin de journée, Mme Cantepie vous a lu une fable de La Fontaine. Et elle vous a expliqué que cet auteur faisait passer des messages très importants à travers ce qu'il écrivait.

Trop malin !

Ça t'a donné une idée : tu vas écrire une lettre pour ta mère ! Avant le dîner, tu te lances dans ce projet. Tu choisis bien tes mots, tu dessines même un joli cœur au feutre pailleté. Une fois que tu as terminé, tu relis plusieurs fois, histoire de vérifier les fautes d'orthographe – très important aux yeux de ta maman ! Puis, tu vas glisser ta lettre sous son oreiller.

Mission accomplie !

Tu espères qu'elle va comprendre à quel point tu regrettes ton projet d'« après-midi pirates » chez Emma, tes bavardages, tes oublis.

À quel point tu l'aimes aussi.

Et si tu allais le vérifier en 50 ?

Le samedi, tu n'arrêtes pas de penser à ta sortie manquée... Impossible de t'en empêcher ! En ce moment, tu devrais être en train de manger des barbes à papa, avec Emma. Ou de hurler de peur dans l'attraction du « Navire Hanté ».

Vous auriez bien rigolé !

Au lieu de ça, ta maman te propose d'aller faire des courses en ville.

Ce n'est pas extraordinaire, mais bon, c'est toujours mieux que de rester à broyer du noir à la maison ! En plus, tu es contente de passer un moment seule avec ta mère, après cette semaine oh combien difficile.

Dans la voiture, tu remarques que ta maman a l'air détendue. Au volant, elle chante sur la musique de l'autoradio. Tu te fais un plaisir de chanter avec elle – **et tout aussi faux**.

Elle te conduit dans un magasin qui vend un tas de choses, et tu la suis jusqu'au rayon des déguisements. Là, tu es complètement perdue. Ta mère serait-elle invitée à une fête costumée ?

— Lili, dis-moi, tu préfères cette robe de fille pirate ou le costume de Capitaine Crochet ? te demande-t-elle, en te montrant les deux déguisements en question.

— Euh, ils ne sont pas un peu trop petits pour toi ? tu t'étonnes.

Elle éclate de rire.

— Ils ne sont pas pour moi, voyons !

Tu choisis la robe de fille pirate, et l'épée du Capitaine Crochet. Ta maman t'emmène ensuite vers le rayon du maquillage pour enfants. Et tu commences à comprendre, sans oser le dire à voix haute. Ce serait trop beau, trop génial.

Trop tout, quoi !

Quand ta mère te conduit chez Emma, ton cœur se met à battre de plus en plus fort. **Ta copine t'attend, déjà déguisée et tout excitée.** Il y a aussi Théo, ainsi que son ami.

Tu te tournes vers ta maman. Tu es si émue que tu n'arrives même plus à parler.

— Cela demande beaucoup de courage et de maturité de demander pardon, te chuchote ta mère.

Alors, j'ai décidé de lever ma punition. Je reviendrai te chercher en fin de journée. Tu es contente, ma chérie ? 😊

Contente ? Mais c'est bien plus que ça ! Tu n'as jamais été aussi heureuse de toute ta vie. La joie te submerge comme une vague , et tu bondis dans les bras de ta mère.

— Oh, merci ! tu t'écries. Merci, merci, merci !

Hip, hip, hourra ! Tu vas pouvoir aller au parc d'attractions avec Emma ! 😍 😍 😍 😍

As-tu lu toutes les aventures de Lili ?

Tome 1
Moi, jalouse ?

Tome 2
La peur de ma vie !

Tome 3
Trop contente !

Tome 4
C'est pas juste !

PAPIER À BASE DE FIBRES CERTIFIÉES

hachette s'engage pour l'environnement en réduisant l'empreinte carbone de ses livres. Celle de cet exemplaire est de : 850 g éq. CO_2
Rendez-vous sur www.hachette-durable.fr

Photogravure Nord Compo - Villeneuve-d'Ascq

Imprimé en Espagne par MACROLIBROS
Dépôt légal : juin 2019
Achevé d'imprimer : mai 2019
40.5487.9/01 – ISBN 978-2-01-709021-2
Loi n° 49956 du 16 juillet 1949
sur les publications destinées à la jeunesse